ALGÉRIE

HORTICULTURE GÉNÉRALE

VÉGÉTATION

CULTURES SPÉCIALES

ACCLIMATATION

ALGER

GIRALT, IMPRIMEUR DU GOUVERNEMENT GÉNÉRAL

16, RAMPE MAGENTA, 16

1889

HORTICULTURE GÉNÉRALE

ALGÉRIE

HORTICULTURE GÉNÉRALE

VÉGÉTATION

CULTURES SPÉCIALES

ACCLIMATATION

ALGER

GIRALT, IMPRIMEUR DU GOUVERNEMENT GÉNÉRAL

16, RAMPE MAGENTA, 16

—

1889

Cultures sous abris de bambous

HORTICULTURE GÉNÉRALE

VÉGÉTATION
CULTURES SPÉCIALES
ACCLIMATATION

I

LA VÉGÉTATION ET SES ZONES

I

L'Horticulture française ne pouvait prévoir, il y a à peine un demi-siècle, les merveilles de végétation implantées depuis peu par elle, et presque spontanément, sur cette côte barbaresque longtemps considérée comme région désertique battue par des vents desséchants.

La géographie botanique ne faisait que de naître, l'horticulture, très-avancée dans les centres métropolitains, ne sortait pas de son domaine de collections ou de jardins fleuris, et l'acclimatation, à son début, ignorait encore

La force végétative de la terre algérienne était révélée et le domaine de l'Horticulture, dans sa marche raisonnée, étendait ses résultats pratiques du littoral de la Méditerranée aux confins du Sahara, abordant les oasis des sables brûlants après avoir escaladé les cîmes neigeuses de l'Atlas et des Hauts-Plateaux, sans se laisser arrêter par l'immensité des steppes désertiques.

La caractéristique apparente du climat était vaincue et l'*Arbori infecundus* de Salluste une sentence ancienne et sans juste application à l'époque actuelle.

II

La culture de certaines plantes exotiques commence au début même de l'occupation française : ces végétaux proviennent des serres du Museum et de celles du Jardin botanique de la Faculté de Médecine de Paris.

Les premiers résultats acquis surexcitent l'imagination : voir prospérer à l'air libre ces végétaux des tropiques, c'était une révélation.

Ces exemples tirés de l'Horticulture aident à réfuter victorieusement cette école de détracteurs qui, ne s'appuyant que sur des exceptions ou des cas défavorables, cherchait à dépeindre l'Algérie comme terre sèche, aride et de nature désertique.

Mais un excès d'enthousiasme faillit faire dévier l'agriculture de son véritable chemin. On rêva une culture riche et variée par l'obtention de ces produits coloniaux qui ont enrichi les planteurs au temps où la main-d'œuvre de l'esclavage était le plus utile allié du climat. On pensait, bien à tort, que les quelques essais heureux, tours de force horticoles, pouvaient être généralisés et avoir un rôle économique.

De nombreux essais tentés sur divers points du territoire jettent les premières bases pratiques d'un ensemble de végétation convenable au pays. Sous l'impulsion du maréchal Bugeaud des pépinières régionales sont créées : elles vivent quelque temps mais disparaissent successivement par des causes diverses, non sans avoir laissé des traces utiles de leur existence. Elles avaient ouvert la voie aux fondations de ce genre d'ordre privé. Une seule est existante, c'est l'ancienne pépinière centrale connue sous le nom de Jardin d'Essai d'Alger, établissement qui a rendu et rend encore de réels services à la culture algérienne et qui est actuellement une des plus vastes créations de l'Horticulture française.

Ces tentatives ont eu, en résumé, des résultats rapides, en ce sens que ce climat polymorphe du territoire algérien n'a pas tardé a être connu, au moins dans ses grandes lignes générales, puis de plus en plus déterminé par des expériences suivies, connues sous le nom d'acclimatation.

L'Horticulture ne tarde donc pas à entrer dans la voie pratique : elle suit les récentes données de la géographie botanique et de l'acclimatation et souvent ses expérimentations et ses sésultats précisent ou précèdent les théories entrevues par ces deux sciences.

Les grandes zones de végétation sont reconnues entre deux limites extrêmes ; la mer au Nord avec ses vapeurs humides, et le Sahara au Sud, avec son atmosphère brûlante et sèche.

Ces zones climatériques ont une importance considérable en horticulture. Si la grande agriculture voit ces mêmes céréales et un bétail de même nature vivre et produire plus ou moins économiquement du Cap nord au Sahara, le climat constitue pour les sujets horticoles des conditions essentielles d'existence. De cette loi inéluctable la nécessité de reconnaître et d'indiquer l'aire de végétation des espèces appelées à vivre dans les diverses parties du territoire algérien.

Quatre grandes zones sont déterminées et se dessinent d'elles-mêmes dans toute la simplicité d'un parallélisme presque absolu :

1° La région littoralienne chaude et humide ;

2° La région montagneuse tempérée et froide en ses dernières altitudes ;

3° La région des Hauts-Plateaux aux extrêmes marqués ;

4° La région désertique brûlante et sèche.

RÉGION LITTORALIENNE

Cette zone, peu élevée au-dessus du niveau de la mer, constitue, par ses rivages et ses plaines, une large bande de territoires fertiles plus ou moins soumis à l'influence directe du climat marin. Le rivage même, en contact immédiat avec l'atmosphère marine où la température est égalisée et les abaissements vers zéro à peu près inconnus, est le lieu d'élection de la flore subtropicale et intertropicale : c'est une vaste serre tempérée où dans des conditions naturelles les végétaux des pays du soleil prospèrent dans toute leur vigueur franche comme aux centres d'origine.

Là se rencontrent ces groupes de monocotyledones à formes étranges, séduisantes et ornementales qui caractérisent si bien le monde végétal des terres de l'équateur et qui décèlent une exubérance de développement inconnue à nos plantes européennes.

Les Palmiers de toutes dimensions, depuis les troncs élevés en colonnes gigantesques jusqu'aux humbles touffes naines sont réunis en vastes et riches collections au milieu desquelles se remarquent, à côté des *Cocotiers* à petits fruits des plaines brésiliennes, les *Caryota* des Indes Orientales, les *Palmito* de la Guyanne et les *Thrinax* de la Havane, accompagnés des *Sabal* aux larges feuilles souvent dupliciformes et de toutes ces *Palmacées* flabellifères, les *Livistona* et les autres *Coryphinées*.

Les larges feuillages des *Musacées,* ceux presque aussi amples des *Strelitzia* avec leurs fleurs aux formes originales et aux colorations éclatantes disent que toutes ces plantes des pays chauds, de quelque point du globe qu'elles viennent, peuvent vivre facilement avec leurs nombreuses congénères dans nos terres abritées voisines de la mer.

Les *Bambusées* de l'Indo-Chine balancent dans les airs leurs roseaux géants, et, plus modestes, à leurs pieds les *Cannes à sucre* en champs compacts promettent une abondante alimentation herbacée pour le bétail.

Les *Aroïdées* s'accrochent aux arbres et vivent sous leurs frais ombrages, tandis que de formidables *Agaves* et des *Cactées* bravent la sécheresse et les ardeurs du soleil comme dans les savanes du Mexique.

Mais les Dicotyledonés de toutes sortes se pressent en foule, notamment les grands arborescents : les *Ficus* aux racines aériennes, les *Erythrines* grosses comme des chênes de plusieurs siècles, les Savonniers aux fruits économiques ; puis les grimpants qui enlacent leurs troncs, *Bougainvilles*, *Passiflores* et *Bignones*, immenses amas de lianes disparaissant sous des myriades de floraisons.

Parmi ces plantes dicotyledonées qui impriment à la végétation littorialienne ce caractère typique des flores intertropicales quelques grands arbres se signalent par leur puissance de développement, l'originalité de leur constitution, l'étrangeté de leurs formes ou l'intensité des couleurs de leurs merveilleuses floraisons.

Si les Ficus ont de nombreux représentants à tronc droit et lisse, véritable fût supportant une immense cime au feuillage toujours vert, il en est d'autres dont l'axe central disparaît bientôt emprisonné et caché sous une foule d'appendices venus des ramifications pour s'enfoncer dans le sol : ce sont les *Ficus* à *racines adventices* ou *aériennes*.

Rien n'est plus curieux et n'impose un caractère de force et de robusticité comme ces grosses masses ligneuses de *Ficus Roxburghii* dont le tronc premier est enfoui sous d'énormes faisceaux de racines contournées et soudées descendant des branches au sol, sortes d'étais et d'arcs-boutants réunis pour soutenir cet assemblage massif de végétations successives. Souvent des bases de Ficus ont plus de 3 mètres de diamètre et quelquefois aussi ce treillis de racines s'étend en large circonférence sur la terre avant de s'y enfoncer.

Des hautes branches, de jeunes radicelles se développent constamment : d'abord en fine chevelure, en queue de cheval, elles se balancent au vent jusqu'au jour où elles atteignent le sol pour s'y fixer solidement et acquérir aussitôt un accroissement en diamètre. Alors ces faisceaux de filaments se soudent et composent ces blocs ligneux qui ressemblent à autant de troncs supplémentaires.

D'autres espèces de Ficus ne produisent pas ces agglomérations de racines. Elles sont plus isolées, elles pendent des hautes branches en fines cordelettes, puis s'implantant dans le sol, elles se renforcent au point de ressembler à de véritables cordages ou câbles très tendus, devenant par la suite de réels et solides étais aux branches qu'elles supportent et qu'elles alimentent. Les *Ficus lævigata* et *nitida* sont dans ce cas et leurs racines avancent avec l'élargissement de leur cime.

Les plus anciens sujets ont à peine vingt-cinq ans de plantation et déjà quelques-uns donnent une idée bien exacte, par la multiplicité de leurs racines aériennes disposées en forme de colonnes, de ces prodigieuses végétations de leurs congénères de l'Inde, *Figuiers des Banians* ou des *Pagodes* dont chaque sujet constitue à lui seul un grand bosquet ou une petite forêt.

Des *Bombacées* aux énormes troncs renflés s'élèvent en arbres gigantesques. Leur écorce a un revêtement formidable composé d'aiguillons pyramidaux à pointes acérées semblant défendre les merveilleuses floraisons des cimes contre les destructions des grimpeurs. Des troncs ont plus d'un mètre de diamètre et les ombrages de leurs fortes ramures recouvrent de larges surfaces. A défaut du séculaire *Baobad* de la Sénégambie, notre rivage a le *Chorisia speciosa*, un arborescent qui présentera par la suite un puissant exemplaire de végétation.

Les grands arbres ne sont pas seulement remarquables par la hauteur de leurs masses ligneuses. Les *Erythrines* cultivées en petit pot dans les serres de l'Europe sont, sur la côte d'Algérie, des arborescents de première grandeur en même temps que producteurs d'étonnantes floraisons. Leur large tête se couvre de nombreuses inflorescences, sorte de crêtes rouges, en cinabre ou en vermillon, avec une telle intensité de tons que souvent c'est un embrasement incandescent de toutes les cimes, c'est souvent aussi le nuage pourpre d'un coucher de soleil dans la mer des Indes !

Le littoral est le pays des *Cycadées*, plantes étranges d'une autre époque dont le groupement reporte aux paysages antédiluviens ; c'est aussi celui des grands *Conifères* australiens, des Pins colonnaires et des *Araucaria* qui crèvent les nuées de leurs flèches hautes de plus de 30 mètres, de ces immenses *Eucalyptus* à croissance rapide et des curieuses floraisons des *Melaleuques*, des *Callistemon* et des *Proteacées*.

Aux arbres des vergers pendent les fruits des tropiques : l'*Anone*, cette grosse bourse enflée de crême aux senteurs âcres mais agréables ; la *Poire d'Avocat* ou beurre végétal et les *Goyaves* facilement transformables en délicieuses gelées.

Les *Bananiers* sont en massifs compacts ; au milieu du feuillage sortent de lourds régimes de la *Figue-banane* ou de la *Banane chinoise* à chair parfumée, ou bien de la *grosse Banane*, fruit de grosse alimentation.

Sous l'influence directe du climat marin les champs se couvrent pendant l'hiver de productions de primeurs. Quand la neige envahit les jardins des grands centres de l'Europe les légumes sont en pleine maturation comme aux premiers jours de l'été au beau pays de France, et nos récoltes de décembre et de janvier, résultat d'une culture rationnelle et pratique, vont faire les délices de ceux qui vivent au milieu des frimas.

Plus tard, cette même zone produit fin juin ces raisins hâtifs qui arrivent sur les marchés de la métropole quand la vigne fleurit à peine aux treilles de ses vergers.

Le littoral est encore la nouvelle patrie des riches collections botaniques et de l'horticulture ornementale si recherchée dans les serres et jusque dans les appartements les plus luxueux comme les plus modestes dans tous les pays de haute civilisation.

L'Horticulture est donc appelée à un grand avenir dans cette région favorisée par le climat où les rares abaissements de la température sont atténués par des haies de verdure également protectrices contre les vents desséchants ; aux rigueurs de l'été l'irrigation facilement aménagée oppose une fraîcheur bienfaisante qui assure la vie végétale dans toute sa luxuriance et dans son entière production.

RÉGION MONTAGNEUSE

—

D'abord, un massif montagneux central et puissant, c'est la Kabylie avec ses ravins frais et ombragés et ses petites vallées arrosées, ensuite les sinuosités, les découpures et les crevasses des contreforts de l'Atlas, avec leurs altitudes diverses, toutes parties encore léchées par les dernières effluves des vapeurs marines, ou plus ou moins voisines des nuages. Véritables régions de l'arboriculture forestière et fruitière, elles comprennent une variété infinie de végétaux des pays tempérés du Japon, de la Chine, des hautes Cordillières, tout en offrant des conditions de végétation analogues à celles de nos vergers du centre de la France.

Quelques points de cette zone sont à citer : Médéah, Milianah pour Alger ; à l'Est, l'Edough, Constantine et son Hamma, les montagnes des Beni Salah, et à l'Ouest Tlemcen, et quelques localités de la frontière marocaine.

Les altitudes moyennes et au-dessous conviennent aux *Orangers* et aux *Oliviers*.

Les *Aurantiacées* plantées en bosquets aux flancs des côteaux, abritées des vents du Nord-Ouest, ont une verdeur de feuillage et une délicatesse de fruits tout à fait incomparables : l'*Olivier* se présente en véritables forêts composées d'arbres souvent séculaires.

Un grand nombre de plantes craignant la chaleur prolongée ou exigeant une période de repos de végétation se plaisent dans ces contrées ; les *Conifères* diverses de la Cilicie, du Caucase, des points élevés du Mexique et de la Californie, les *Bambous* de l'Himalaya, le *Chamœrops excelsa* de la Chine, les *Magnoliacées*, et dans les parties les moins hautes une série d'arbres australiens notamment des *Eucalyptus* et des *Acacia-Mimosa*.

L'horticulture trouvera encore dans ces zones où les ardeurs de l'été sont plus atténuées, où les eaux vives des ravins coulent presque constamment au milieu de broussailles et de bois toujours verts, pays de quelques rares fougeraies et des prés longtemps fleuris, beaucoup de stations privilégiées et pleines d'intérêt pour la culture de certaines plantes qui craignent le littoral : les *Camellias*, les *Thés*, les *grandes fougères*, des *Orchidées*, des *Bromeliacées*, etc., etc. En dehors du climat, il y a pour ces plantes une question de sol : or, il peut être avantageusement modifié par ces terres légères, riches en humus, débris de végétation accumulés dans les bois et broussailles.

Mais les altitudes voisines ou au-dessus de la moyenne sont les véritables pays des fruits de la France ; c'est là que l'arboriculture fruitière, entre les mains des jardiniers français, obtiendra de rapides résultats à l'aide de variétés spéciales et de principes de tailles faciles à déterminer. Avec les espèces fruitières de la métropole, *Poiriers, Abricotiers, Cerisiers*,etc., etc., certaines expositions comportent aussi les *Plaqueminiers* et les *Néfliers* du Japon.

La vigne est dans un milieu favorable dans les massifs montagneux. Les vignes kabyles enlacent les arbres et retombent de leurs cimes en longs pampres chargés de raisins, à maturité plus ou moins tardive, à grappes très-développées, remarquables par la coloration et la grosseur de leurs grains. Ces vignes vigoureuses poussent souvent en compagnie du *Figuier*, arbre précieux par sa rusticité et cette fructification abondante qui constitue une des principales ressources de nourriture et de commerce sous forme de fruits secs.

La température s'abaisse au-dessous de zéro dans la région montagneuse : quelquefois, aux faibles altitudes, la neige couvre la terre d'un léger duvet blanchâtre scintillant souvent sous un ciel lumineux, puis vers les sommets ces neiges sont plus durables et assurent à la vie végétale cette période de repos si favorable à nos végétaux économiques des pays froids.

RÉGION DES HAUTS-PLATEAUX

Cette région de plaines hautes avec sa steppe, c'est l'altitude accusée, sillonnée par des bourrasques de froids et de neiges pendant l'hiver mais devenant le pays de la sécheresse et des chaleurs désertiques pendant l'été, sorte de climat continental à extrêmes bien marqués.

Les flores des deux premières zones en sont exclues. Les végétaux qui peuvent vivre en ces milieux sont les plus rustiques du centre et du nord de l'Europe, du nord de la Chine, du massif de l'Himalaya, des pays de steppes et de quelques points du Canada et de l'Amérique du Nord pour une certaine partie.

L'horticulture, puissamment aidée par l'irrigation, y comprend nos arbres du Nord : *Peupliers, Ormes, Robiniers, Frênes, Saules, Oseraies*, etc. Les arbres fruitiers, dont quelques-uns deviennent très-gros mais peu productifs, sont *Poiriers, Pommiers, Cerisiers*, etc., mais leur bonne venue n'est possible qu'avec des abris et dans des endroits favorisés. Des *Conifères* rustiques peuvent y vivre, mais les arborescents ont, en général, une existence difficile en ces altitudes : quelques auteurs pensent que la viticulture, modifiant ses principes, y donnerait des résultats.

Quant à la floriculture, c'est celle des pays du Nord de la France.

Une partie des Hauts-Plateaux, les steppes et leurs versants sahariens, présentent une nature climatérique autre qui permettrait, suivant quelques climatologistes, M. Madinier notamment, l'introduction de certaines plantes de l'Arizona et du Nouveau Mexique, principalement de *Prosopis*, de *Yucca* et de *Cactées*.

Des espèces de *Bambous* de l'Himalaya y vivent bien. Cette grande région est généralement le pays de l'*Halfa*, il ne faut pas l'oublier ; c'est aussi le pays des nomades, de l'élevage du mouton et des troupeaux transhumants. Mais si l'Horticulture n'y est pas favorisée comme dans les autres zones, elle a une action utilitaire assez marquée pour mériter l'étude et l'application de principes culturaux appropriés au climat : elle peut y donner des résultats intéressants, ainsi que le démontre l'expérience des jardins du Kreider, à 1,200 mètres de hauteur, dans l'ouest oranais. La partie Est des Hauts-Plateaux, mieux située, présente quelques heureuses tentatives de jardinage.

IV

RÉGION DÉSERTIQUE

Cette région est déterminée par un seul terme : climat saharien. C'est le pays aux grands espaces nus, secs et arides, aux actions météoriques en général peu favorables à la vie des végétaux qui y souffrent de la siccité de l'air comme de l'exagération de sa chaleur et de ses abaissements au degré de congélation, et surtout du manque ou du peu d'intensité des précipitations pluviales. La nature du sol, gypseux, argileux, limoneux, sableux, etc., arrosé par des eaux salines, ne contribue pas à faciliter le développement des végétaux, surtout dans le jeune âge.

L'horticulture a donc dans ces régions un rôle limité mais de grande utilité. Pour déterminer ce rôle, il convient de connaître les difficultés climatériques inhérentes aux différents points de cette grande zone qui, par l'effet même de son extension, offre des diversités d'actions météoriques.

La partie saharienne de l'Est présente une assez vaste dépression peu élevée au-dessus du niveau de la mer. Là, les oasis y sont prospères, fortement arrosées en tout temps par des nappes artésiennes : le Dattier y porte des fruits estimés par leur bonne qualité.

Mais de l'Est à l'Ouest la large bande désertique se relève : les environs de Laghouat atteignent vers 800 mètres de hauteur et le relèvement se continue à ces altitudes accusées d'environ 1.000 mètres jusqu'au Maroc. Le Dattier perd en qualité et en vigueur en suivant cette direction Ouest : à Laghouat il est quelquefois couvert de neige, dans la province d'Oran il est souvent de faible vigueur et enfin dans une région voisine des Hauts-Plateaux quelques îlots de végétation variable forment les Ksours.

L'horticulture se trouve forcément en présence de réelles difficultés dans ces régions où le froid se signale par des abaissements de — 2° et 4° dans la partie la plus tempérée l'hiver, et par des chiffres voisins de — 10° dans les hautes terres. Le siroco atteint 50° de chaleur et l'intensité du rayon solaire dépasse souvent 63° à la boule noire.

La partie Est et déprimée de la bande saharienne offre seule un champ de culture et d'expérimentation pour les plantes des pays chauds : quant à la partie Ouest, les végétaux des hautes steppes du globe ou des pays froids sont mieux à sa convenance.

Dans le bas Sahara proprement dit l'horticulture n'est possible qu'à l'ombre des oasis et elle s'arrête avec la dernière ligne des Dattiers.

Le Dattier seul caractérise la végétation et la culture du désert chaud et tempéré. (Voir le chapitre *Dattier* et *Oasis*).

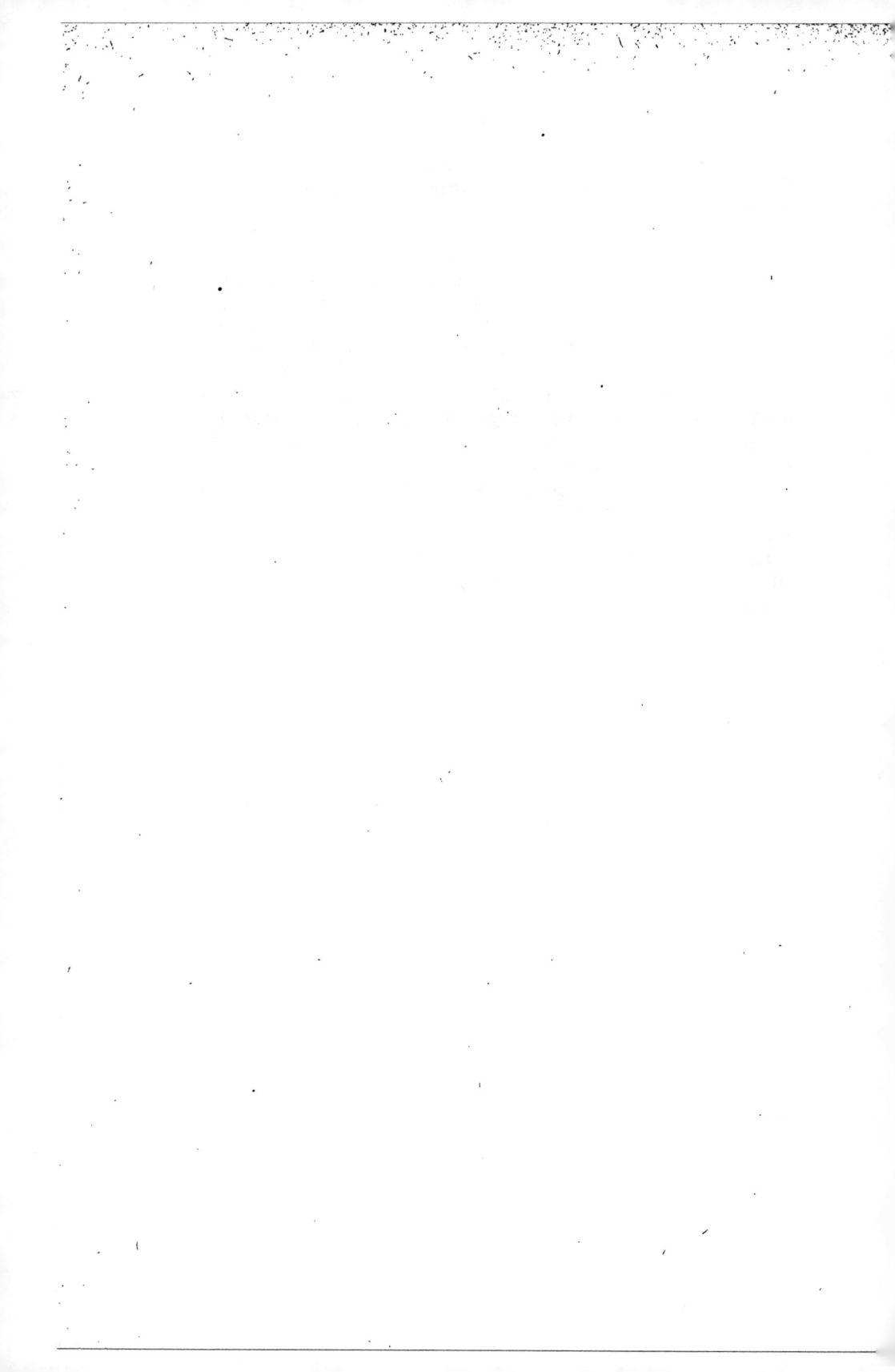

II

ARBORICULTURE FRUITIÈRE

———

I

FRUITIERS DES RÉGIONS CHAUDES
ET TEMPÉRÉES

———

La partie basse de la bande essentiellement littoralienne ne convient point, d'une manière générale, à la bonne et régulière fructification des arbres fruitiers de la France : la sécheresse y est trop prolongée, la radiation solaire trop active et le climat hivernal trop doux pour permettre à la plante un repos de végétation bien marqué. Par contre, un groupe d'arbres fruitiers exotiques peut facilement vivre sur le littoral.

Ces végétaux, empruntés ordinairement à la zone subtropicale, ne peuvent prospérer en Algérie que sous l'influence du climat marin et à peu de hauteur au-dessus du niveau de la mer.

Le développement de quelques-uns de ces arbres fruitiers et la saveur de leurs fruits sont déjà dignes de remarque. Ces produits commencent à former les éléments d'une consommation locale en même temps qu'un article d'exportation sur les marchés des grandes villes, de Londres et de Paris notamment.

En effet, les colonies étrangères appartenant aux contrées intertropicales, recherchent avec empressement les fruits du pays natal qu'ils peuvent recevoir d'Algérie dans toute leur fraîcheur grâce à la rapidité des transports.

Les principales espèces fruitières sont :

Le groupe des *Anona*, de la famille des *Anonacées* : leur végétation est active et certains sujets ont déjà atteint la dimension de petits pommiers. Ces végétaux exigent pour prospérer des terrains profonds, frais ou irrigués pendant l'été.

Dans ces conditions la fructification des *Anona* est remarquable et certains fruits sont de réelles qualités : leur chair est blanche, fondante, d'une saveur particulière, quelquefois un peu térébenthacée. Cette chair molle se mange à la cuiller comme une sorte de crème.

Anona cherimolia Willd, Mexique, Pérou.

Fruits déprimés de 300 à 700 grammes.

Anona muricata Lin. Iles Caraïbes.

Fruit conique, en forme de cône de pin, hérissé, atteignant jusqu'à 800 et 1.000 grammes.

Anona squamosa Lin. Indes Orientales.
 — **cinerea** Dunal. Iles Caraïbes.

Une autre espèce qui peut sortir de la zone littoralienne est l'*Asimina triloba* Dun. Floride, à fruits parfumés.

Deux autres fruits intéressants sont fournis par deux *Laurinées* qui forment de véritables arbres annuellement fructifères.

En première ligne, l'*Avocatier*, *Persea gratissima* Gaert. Am. tropic., à fruits verts. Fruit pyriforme, contenant à l'intérieur, autour d'un trop gros noyau, une chair butyreuse d'une saveur particulière et agréable voisine de celle de la Noisette et de la Pistache réunies. C'est une sorte de beurre végétal.

On a multiplié, au Jardin d'Essai, une autre variété bien supérieure à la précédente.

Persea gratissima rubra ou Avocatier rouge.

Le fruit est beaucoup plus volumineux. Sa périphérie se teinte, comme dans certaine poire, d'une coloration rouge. La chair est plus développée et plus savoureuse que dans l'Avocatier ordinaire.

Machilus glaucescens With. Indes Orientales.

Arbre plus rustique que les précédents mais les fruits sont inférieurs comme qualité à ceux des vrais Avocatiers.

Ces fruits se mangent comme hors-d'œuvre avec du sel ou comme dessert avec du sucre et du rhum. Ils sont très recherchés par les habitants de l'Amérique du Sud pendant leur séjour en France.

La famille des *Myrtacées* fournit des fruits variés qui ont, en général, une saveur un peu thérébenthacée mais l'habitude d'une part, et certainement la culture de l'autre, atténuent ce principe balsamique.

Les *Goyaviers* occupent la première place parmi les *Myrtacées*.

Ce genre *Psidium* ou *Goyavier* est représenté par quelques espèces :

Psidium pyriferum Lin. Iles Caraïbes, ou Goyaviers ordinaires.
— **pomiferum** Lin. Indes Orientales.

Fruits en poire ou pomme. Ces plantes poussent avec vigueur et forment des petits arbres portant une abondante fructification dorée bonne à récolter en octobre et novembre.

Ces fruits ont un goût spécial à l'état frais : la confiture en est délicieuse et celle faite en Algérie ne le cède en rien comme délicatesse à la confiture de Goyaves des Antilles.

Psidium Sinense Lodd. Chine.
— **Cattleyanum** Sabin. Chine.
— **aromaticum** Aubl. Guyane.

sont des curiosités, cependant des confitures agréables sont faites avec les *Psidium Sinense* et *Cattleyanum*.

Le genre *Psidium* est assez robuste pour s'écarter un peu de la mer.

Il y a d'autres Myrtacées fructifères à un degré d'appréciation moindre mais non sans intérêt.

Eugenia guaviju.
— **Michelii** (*uniflora*) Lam, Brésil.

Petits fruits à saveur parfumée.

Jambosa Malaccensis Dec. Indes Orientales ou Jambosa de Malacca.

Petit arbre ne donnant des fruits que dans les jardins bien abrités et dans un lieu bien exposé à la chaleur. Le fruit a la forme d'une petite poire, lisse, d'une belle couleur jaunâtre, à chair tendre et bien juteuse. Saveur un peu fade. Ce fruit est connu aux colonies sous les noms de Poire de Malaque ou Poire de Cire.

Le **Syzigium jambolanum** Dec. Indes Orientales, ou Jamelongue.

Arbre vigoureux, atteignant une taille moyenne. Il forme une large cîme d'un beau feuillage et de ses rameaux pendants se détache une abondante fructification semblable à celle de l'Olivier. En effet, les fruits ont la forme de belles olives et sont très-juteux.

Les *Euphorbiacées* donnent trois espèces fructifères.

Aleurites Moluccana Willd. Moluc.

Arbre de 7 ou 8 mètres, dont les fruits se mangent comme des noix.
Deux espèces de *Papayers* réussissent assez bien avec certains soins tout à fait spéciaux.

Carica Papaya Lin. Brésil.

Ce végétal monoïque atteint environ 4 mètres de hauteur. Sa croissance est rapide mais sa consistance molle, presque herbacée, ne lui permet de vivre que deux ou trois ans sous notre climat, la pourriture du pied étant une cause constante de mortalité. Son suc est utilisé contre les affections du croup. Les fruits atteignent quelquefois la dimension d'un petit melon et souvent ils sont nombreux sur un seul pied. La saveur rappelle celle du Concombre et le parfum n'est pas absolument agréable pour les palais européens.

Carica graéilis.

Cette plante, de consistance un peu plus accentuée que la précédente, atteint une plus grande élévation mais a moins d'ampleur de développement. Les fruits sont gros comme ceux d'une tomate et un peu insipides.

Deux intéressantes *Sapindacées* peuvent donner, dans des conditions spéciales, des fruits estimés.

Euphoria longana Lamk. Chine.

Arbuste assez vigoureux, produisant des fruits d'un goût particulier.

Euphoria Litchi Desf. Chine du Sud.

Plante moins vigoureuse que la précédente mais à fruits plus exquis. Jusqu'à ce jour, on n'a pas cultivé en Algérie la véritable espèce, celle dont les fruits sont aussi délicats mangés frais que conservés. Peut-être conviendrait-il d'introduire cette espèce par plants et non par graines ?

Achras Sapota Lin. Amérique Australe, Sapotées, ou Abricot des Antilles.

Fruit excellent de la dimension d'un petit abricot. Culture délicate mais très-possible en pleine terre.

Carolinea macrocarpa Schlcht. Mexico.

De la famille des Sterculiacées-Bombacées. Ce végétal est un arbre remarquable par l'originalité de sa floraison. Quant à son fruit, de la grosseur de la tête d'un enfant, il a une forme ovoïde, à 5 ou 6 divisions, dont chacune contient 5 ou 6 graines du volume d'une grosse noisette dont elles se rapprochent comme goût.

Cookia punctata Retz. Chine, Vampi des Chinois.

Cette *Aurantiacée* de nature délicate ne peut suivre les orangers et congénères en grande culture. Originaire des Moluques, elle doit vivre dans les jardins des régions absolument chaudes et abritées où elle fructifie assez régulièrement. Son fruit est une petite orange minuscule, inférieure à un œuf de pigeon, poussant en grappe et d'un goût étrange fort apprécié par les Chinois.

Eriobotrya Japonica Lindl Néflier du Japon ou Bibassier.

Le Néflier du Japon est un des fruits les plus répandus du littoral aux versants montagneux, où il peut vivre en compagnie de l'Oranger. Cette *Pomacée* vigoureuse forme en peu d'années des petits arbres qui se couvrent à chaque printemps d'une abondante fructification. Le fruit en est très recherché, d'abord parce qu'il est le premier de la saison, et ensuite par son jus agréable et rafraichissant, mélange de liquides sucrés et en même temps légèrement acidulés.

Quelques variétés sont déjà connues par la grosseur du fruit et la diminution du nombre et du volume des pépins.

D'autres végétaux fruitiers à feuilles persistantes, empruntés aux régions chaudes, figurent encore dans les jardins du littoral algérien mais leur résultat comme robusticité ou fructification n'est pas encore bien acquis.

Sont déjà considérés comme demi-rustiques et par conséquent sans avenir à l'air libre : *Averroha acida*, Oxalidées, ou *Carambolier*, *Mimusops balota*, Spondiées. Enfin d'autres n'ont pas une fructification bien constatée.

Quant aux Manguiers, *Manghifera indica* Lin. Indes, cet excellent fruit des tropiques, son adaption au climat est très difficile.

II

AURANTIACÈES

Le groupe des *Aurantiacées* qui comprend principalement les orangers et congénères est largement planté dans le verger algérien où il constitue des éléments de consommation et d'exportation d'une valeur relativement considérable.

Les orangers et congénères avaient une place marquée dans les jardins arrosés des indigènes et quelques propriétaires possédaient même dans la plaine de la Mitidja de vastes orangeries, notamment au pied du Petit Atlas, aux environs de Blidah, l'Arbah, etc... Dans le massif montagneux de la Kabylie quelques orangeries étaient réputées par l'excellence de leurs produits et leur vigueur de végétation : à part quelques citronniers et quelques rares cédratiers, l'oranger qui y dominait était le franc ou sujet obtenu de semis.

L'arboriculture française a bien développé cette branche importante de la production fruitière et a introduit en Algérie une grande quantité de variétés ou espèces mêmes dont la plus belle conquête jusqu'à ce jour est certainement le *Mandarinier*.

Dans les terres profondes, très-fertiles, à sous sol perméable, où l'irrigation est assurée et abondante on a créé, surtout depuis 10 ans, de vastes orangeries abritées de la violence des courants atmosphériques par des brise-vents de Cyprès.

Les plaines aérées conviennent mieux à ces *Aurantiacées* que le littoral bas et étouffé : elles vivent cependant dans ces derniers milieux mais n'ont pas le rendement économique de la première station, aussi les orangeries et mandarineries se sont rapidement étendues dans la plaine de la Mitidja, aux environs de Blidah.

Blidah est justement renommée pour ses orangeries situées au pied de l'Atlas, à l'entrée d'une gorge dont le torrent, l'Oued-el-Kebir, déverse ses eaux sagement aménagées dans des plantations dont l'étendue est évaluée à 400 hectares produisant une moyenne annuelle de 50 millions de fruits.

Dans quelques plantations très-anciennes se rencontrent des orangers de fortes dimensions. Ce peuplement était encore compact il y a une quinzaine d'années mais vers cette époque une maladie des racines a sévi puis a fait rapidement périr de beaux arbres.

Autour de Blidah, il y a dans la montagne, chez les Beni-Salah, de petites verdoyantes orangeries. Dans la plaine, il y a quelques plantations de valeur à la Chiffa, Dalmatie, Soumah, etc , et au pied du Petit Atlas, à Rovigo, l'Arbah, etc...

Des orangeries ont été créées de toutes pièces à Boufarick. En peu d'années de luxuriantes plantations, régulières et bien alignées ont poussé comme par enchantement : actuellement elles s'étendent sur plus de 250 hectares en plein rapport mais sont, dans la majorité des cas, composées de jeunes sujets.

Quoique de moindre importance que celles de la Mitidja des orangeries sont en création aux alentours de Bône et de Bougie et elles prospèrent dans les environs de Philippeville où elles ont été complantées à l'aide de variétés maltaises pour la plupart.

Dans la province d'Oran, c'est à Miserghin qu'un véritable peuplement est en pleine exploitation ; puis des créations récentes, semblant pousser spontanément sous l'effet de l'irrigation, se remarquent à Perrégaux et dans le domaine de l'Habra.

En général, les *Aurantiacées* ont leur place acquise aux environs des grandes villes et surtout dans les plaines aérées quoique à climat marin. L'irrigation estivale est une condition indispensable de succès.

Mais les orangers et congénères peuvent étendre leur habitat à la région montagneuse du pays, principalement au massif central, c'est-à-dire à la Kabylie. En effet, si l'altitude moyenne de 200 mètres au-dessus du niveau de la mer constitue une station favorable, les orangers se rencontrent encore dans le massif kabyle vers 400 mètres quelquefois plus, et dans ces conditions on remarque très-souvent des plantations d'une vigueur surprenante. Ces orangeries, perchées sur des flancs de côteau, bien abritées des vents nuisibles, arrosées par des cours d'eau venant du haut de la montagne, se signalent ordinairement par la beauté de leur feuillage en même temps que par la finesse du goût de l'orange. A ces altitudes les parasites *Ceratitis*, *Cocus* et *Kermès* qui envahissent les feuilles et tachent l'écorce des fruits sont éliminés sous les effets de l'aération constante, des fortes pluies, des froids et souvent des neiges qui durent, de temps à autre, quelques heures seulement. Rien n'est plus beau, en effet, au premier printemps, que de voir dans ces sites montagneux le soleil éclairer ces masses d'orangers couvertes d'un manteau neigeux au milieu duquel pendent avec les fruits d'or de nouvelles inflorescences toutes parfumées.

Les *Aurantiacées* de la montagne donnent les véritables oranges de choix surtout appréciées par leur tardiveté : elles mûrissent au soleil du printemps quand celles des plaines ont disparu depuis longtemps.

L'orangerie kabyle la plus remarquable par la densité de son peuplement comme par sa culture soignée se trouve dans le massif montagneux de Bougie, au-dessus du village de la Réunion : elle est connue sous le nom d'orangerie de *Toudjah*.

Toudjah est un petit jardin des Hespérides ; c'est une plantation accrochée aux flancs d'une montagne qui reçoit les chaudes effluves du Sud-Est, protégée des courants froids par une masse rocheuse qui la domine et l'arrose de mille cascades se perdant en ruisseaux fécondants sous l'ombre touffue des Hespéridées.

Les produits de Toudjah sont connus et estimés ; ils font prime. Une autre orangerie mérite une mention. Les jardins indigènes de Ben Ali-Chériff sont complantés de nombreux orangers très-verdoyants. Leur station, sur un des bords de la vallée de l'Oued-Sahel, près d'Akbou, est moins en montagne que celle de Toudjah, cependant les produits ont également de la valeur.

En résumé, ces quelques exemples démontrent combien ces cultures spéciales peuvent trouver à s'étendre dans des localités favorables du pays de montagne et constituer pour les Européens des cultures de luxe faciles à exploiter.

Les orangers et congénères donneront donc dans les plaines irriguées voisines du littoral d'abondants produits, puis les sinuosités du massif kabyle renfermeront dans leurs abris frais et humides de la montagne les orangers à fructification tardive et d'autant plus recherchée. Les orangers ne s'élèveront pas dans les cimes froides ; ils resteront au-dessous de 500 mètres ; ils n'aborderont jamais les vastes territoires des steppes des Hauts-Plateaux mais on les retrouvera à l'ombre des Dattiers dans les oasis du Sahara algérien du Sud-Est où ils peuvent encore jouer un certain rôle.

Les *Aurantiacées*, qui ont en Algérie une action véritablement économique, dont la diffusion est constante et la culture bien suivie, se divisent en plusieurs groupes ayant une classification botanique ou tout au moins horticole qu'il convient de signaler.

1°

1° **Citrus aurantium.** Orangers à fruits doux.

Cette première section comprend les oranges les plus recherchées par la consommation. Les variétés d'orangers qui produisent ces fruits divers sont très-nombreuses mais les principales sont :

Citrus aurantium vulgare ou Oranger franc dont le principal type est celui de Blidah.

— — **brasiliense.**

— — **lusitanicum.** Orange du Portugal.

— — **melitense globosum.** Orange de Malte, à fruits ronds, petits ou gros.

— — **nobile** ou Mandarinier.

Le *Mandarinier* est certainement une des plus belles conquêtes pour l'Algérie parmi les *Aurantiacées*. Les mandariniers se plantent depuis quelques années en proportion supérieure à l'oranger à cause de la précocité du rendement.

Plusieurs variétés constituent un groupe de fruits à chair rouge dites *oranges sanguines*.

Citrus aurantium lusitanicum rubrum.

— — **hierochunticum.**

— — **melitense ovatum** mais dont le fruit est incomplètement sanguin.

2°

1° **Citrus decumana** ou Pompelmousse, constitue une espèce dont les variétés se remarquent par la grosseur de leurs fruits peu comestibles.

— — **chadeck.**

— — **vulgaris.**

3°

1° **Citrus limetta.** Limettier ou citron doux.

Cette section à fruits peu acides, douceâtres et sucrés, comprend quelques variétés utilisables :

Citrus limetta melitensis.

— — **neapolitana.**

— — **vulgaris.**

— — **pommum adami.**

2° Quelques fruits remarquables par leur grosseur et leur forme originale se rencontrent dans les *Lumia*, notamment dans Lumie Poire du commandeur, *Citrus limetta vulgaris pyriformis*.

3° Enfin les *Bergamottiers*, jouant un rôle dans l'industrie des parfums, *Citrus bergamia melarosa* et *napoliteana*.

4°

Citrus limonium. Citronnier à fruits acides ou Limonier.

Cette section est la plus intéressante. Le citron est un fruit recherché en Algérie mais il est moins estimé à cause de son peu d'acidité. Cette infériorité s'explique par une confusion regrettable faite entre les *Limettiers* et les *Limoniers*, car ces derniers, les véritables citrons acides ont, sous notre climat, les mêmes qualités que dans tout le bassin méditerranéen où ils sont appréciés.

Citrus limonium hispanicum. Citronnier de Valence.

—   —   **aspermum** de Valence sans pépins.

—   —   **vulgare** ou ordinaire.

Les deux variétés les plus appréciées pour leurs fruits de grosseur moyenne, à peau fine, à pulpe très-juteuse sont :

Citrus limonium neapolitanum.

—   —   **palermitense.**

Enfin, il y a des variétés remontantes, en fleurs et en fruits en toute saison.

5°

Citrus cedra. Cédratier.

Cette section ne contient guère de fruits alimentaires. Quelques-uns cependant servent à faire des compotes ou des confiseries mais ils sont surtout remarquables par leurs formes originales ou leurs étonnantes dimensions.

Citrus cedra digitata. Cédratier gros digité, autrefois assez commun dans les jardins indigènes de la Mitidja.

—   —   **judæana.** Cédratier des juifs.

—   —   **sinensis.** Cédratier monstrueux de la Chine.

—   —   **tuberosa.** Cédratier Poncire à fruit très-mamelonné.

6°

Citrus vulgaris. Bigaradier commun.

Cette section qui a un rôle peu alimentaire, à cause de l'amertume prononcée de ses fruits, a cependant un grand emploi dans la matière médicale, soit par les écorces des fruits connus sous le nom d'écorces d'oranges amères, soit par ses feuilles dont la distillation donne des produits grandement usités.

Ce groupe de végétaux est ordinairement très-épineux.

Citrus vulgaris bigaradia. Bigaradier franc ou commun, a une variété *Citrus vulgaris bigaradia maxima*, ainsi nommé à cause du volume des fruits.

— — **crispifolia.** Bigaradier riche dépouille.

— — **hermaphrodita.** Bigaradier à fruit cornu.

— — **myrtifolia.** ⎫ Bigaradier chinois.
— — **sinensis.** ⎭

— — **salicifolia.** Bigaradier à feuilles de saule.

Les fruits de ces trois dernières variétés sont ordinairement employés pour faire des conserves dans l'alcool.

La science arboricole a déjà établi les grandes lignes de la culture des *Aurantiacées* dans les différentes zones climatériques du pays : elle a surtout déterminé la place des espèces dites *Francs* et a trouvé dans le *Bigaradier* le meilleur sujet comme porte-greffe des orangers, des mandariniers et des citronniers.

L'expérience a également démontré les écartements nécessaires à observer dans la création des orangeries. Les nouvelles plantations de Boufarick sont des exemples à suivre.

Ces écartements sont de 6 et 8 mètres.

L'intervalle des lignes est cultivé à la charrue.

L'irrigation se fait par bassin au pied des arbres ou par submersion de l'intervalle. Cinq cents mètres cubes d'eau par irrigation constituent une bonne moyenne.

Actuellement, Blidah est encore le marché central des oranges et centralise dans une certaine mesure les produits de ses environs. Ses oranges sont recherchées comme primeurs mais elles sont ensuite délaissées quand vient l'époque de maturation des aurantiacées d'Espagne et d'Italie dont les fruits sont beaux, bien mûrs et peuvent arriver sur nos grands marchés dans des conditions économiques de transport qui font encore défaut aux produits algériens.

Le tableau ci-contre résumera, par ses chiffres, l'importance de ce commerce en France pour trois années récentes

IMPORTATION	PROVENANCE	1884	1885	1886
ORANGES CITRONS et VARIÉTÉS	ESPAGNE............	43.387.407 kos	33.586.680 kos	43.957.824 kos
	ITALIE............	2.483.952	3.682.707	1.749.163
	ALGÉRIE............	4.888.015	3.994.178	3.198.892
	Autres pays............	1.106.659	957.056	791.734
	TOTAUX............	51.866.033	42.220.621	49.697.613
	VALEUR en francs............	11.929.188 fr.	16.888.608 fr.	19.878.966 fr.

L'expédition des fruits utilise une grande main d'œuvre où les indigènes même trouvent de l'emploi. La cueillette, le triage, le papillotage des trois premiers choix, la confection des caisses à claires-voies et à compartiments, etc., créent un véritable mouvement industriel.

L'orangerie est donc appelée à se développer largement et certains planteurs partagent tellement cette opinion qu'il n'est pas rare de voir, à Boufarick notamment, des propriétaires possédant jusqu'à 20 et 40 hectares d'un seul tenant et de création récente. Le rendement brut est estimé à environ 1.200 francs par an dans la Mitidja. L'estimation d'une orangerie en plein rapport est de 6.000 francs. Les orangeries nouvelles créées dans le périmètre irrigué de l'Habra laissent entrevoir les mêmes résultats.

Si la France est un centre important de consommation et même d'exportation, elle a jusqu'à ce jour, au détriment de l'Algérie, des grands pourvoyeurs, comme l'Espagne et l'Italie méridionales, notamment la Sicile, puis le Portugal, pays à grande production, à main d'œuvre économique et bénificiant, pour la plupart de traités avantageux pour les transports. En supposant même que des barrières douanières soient un jour une cause d'appréciation des produits algériens, la situation actuelle du commerce démontre encore qu'il y a pour la production des *Aurantiacées* une place à acquérir sur les marchés mais en n'oubliant pas cette condition essentielle de cultiver des races hâtives ou tardives et exclusivement des beaux et bons fruits.

III

MUSACÉES ALIMENTAIRES. BANANIERS

Le groupe des Bananiers mérite un examen particulier. Ce végétal économique par excellence n'a pas encore dison dernier mot dans noś cultures. Le choix de ses variétés et leur traitement ont encore besoin d'une sérieuse étu de car cette précieuse plante est certainement appelée à un commerce d'exportation pour les grandes villes européennes.

Les bananiers se cultivent dans les jardins des grands centres du littoral, d'Alger notamment. Pour prospérer et donner de réels résultats, il leur faut une exposition chaude, absolument abritée des grands vents, tout en étant sous l'influence immédiate du climat marin. Un sol frais profond, substantiel et non compact où l'irrigation estivale est assurée, sont des conditions indispensables à la bonne venue de cette plante vivace et monocarpique.

Le bananier se cultive en ligne et par touffe. Chaque touffe porte plusieurs stipes fructifères, mais le stipe ou tige disparaît après la fructification et est remplacé par des rejets de la souche. Une bananerie bien entretenue et abondamment fumée peut durer 5 ou 6 ans.

Aux environs d'Alger on en rencontre quelques touffes dans les jardins. Quelques horticulteurs, des Mahonais par exemple, possèdent au Hamma et à Hussein-Dey des bananeries qui ont souvent près d'un hectare d'étendue.

La zone de bonne culture est restreinte, les dépenses de création et d'entretien exigées par une bananerie étant assez élevées, ce qui a limité l'extension de ces plantations, mais il y a tendance à les accroître en présence des demandes pour la consommation des villes algériennes et pour les besoins de l'exportation.

En effet, le régime de bananes s'exporte facilement emballé dans un panier long contenant à l'intérieur de la paille sèche pour éviter le choc et le frottement des fruits. Par mains détachées du régime, bien disposées en boîte de colis postaux, la banane supporte aisément d'assez longs trajets pour arriver à destination parfumée et en parfaite maturité.

La banane algérienne obtenue dans de bonnes conditions de culture, à maturité acquise autant que possible sur la plante, a une délicatesse de saveur bien prononcée et un parfum exquis. Si les régimes dans leur ensemble et les fruits pris en particulier n'ont pas cette ampleur de développement atteint par ceux des Canaries, qui font si bonne figure aux étalages des marchands de produits coloniaux, il faut ajouter que comme goût nos bananes algériennes leur sont supérieures. Il va sans dire qu'on parle ici des bananes arrivées à maturité sur la plante même et en plein soleil, et non de ces produits à peine formés qu'on fait jaunir et mûrir à la chaleur d'un four.

Le régime de banane, issu d'une bonne culture, peut encore présenter de 100 à 150 fruits, et il n'est pas rare de rencontrer un premier choix dépassant ces chiffres.

Les prix actuels sont basés sur l'estimation de 0 fr. 05 centimes par fruit, prix minimum.

L'Algérie ne possède pas encore cette infinie variété de Bananiers communs dans les régions intertropicales. Seules les races robustes peuvent vivre chez nous, car il convient de rappeler que nous sommes à l'extrême et dernière limite de culture de ces monocotylédones.

Actuellement, notre horticulture renferme, comme Musacées comestibles, les bananiers suivants :

Musa Sapientum Lin. Ind. Or. Bananier à petits fruits ou des sages, espèce essentiellement comestible à type supérieur, connue en Algérie sous le nom de Figue-banane.

Quelques variétés en diffèrent par certains caractères présentés par la forme du fruit ou par la coloration des pétioles des feuilles.

Musa Paradisiaca Lin. Ind. Or. Bananier du Paradis ou d'Adam. Bananier à gros fruit. Bananes cochons.

Le fruit en est très-gros, beaucoup moins délicat que

celui de la Figue-banane. Cru il est imparfait mais il sert à confectionner d'excellents beignets : il est très-recherché par les Maltais et les Arabes qui les mangent frits.

Musa Sinensis Swet. Bananier de Chine.

Cette espèce est naine. Sa culture est moins facile parce qu'elle réclame plus d'abris en hiver et en été. Dans certaines expositions et dans un sol peu compact on obtient de très-gros régimes dont les fruits longs et arqués ont un agréable parfum très-développé. Une culture spéciale de cette espèce, conduite avec toutes les ressources de l'art horticole sous notre climat, serait appelée à un résultat comme article d'exportation.

Dans les mêmes conditions de soins excessifs on obtient, en plein air, la maturité du :

Musa ornata Roxb. Chittagong.

Fruits délicieux à chair jaune.

Les autres espèces n'ont aucun rôle alimentaire en Algérie.

IV

OLEA EUROPÆA

L'OLIVIER CULTIVÉ

En arboriculture productive l'Olivier est encore, comme aux temps antiques, le premier arbre à cultiver et même à planter, car, malgré les richesses végétales empruntées au monde entier, aucune autre plante ne fournit une huile plus fine et plus comestible.

Quelle que soit son origine, l'Olivier s'est implanté de lui-même sur la rive algérienne, y a prospéré sous la clémence de son climat et depuis des siècles s'y fait remarquer par son abondante et régulière fructification. Il est même resté l'arbre de nos pays : sollicité par d'autres sortes d'acclimatation, il n'a pas apporté dans ses pays d'exil ses nobles qualités et, s'il y a montré une végétation vigoureuse, il a refusé de jouer tout rôle économique en affirmant sa stérilité. Il ne devient donc pas l'auxiliaire de l'Amérique, ni de l'Inde, ni de l'Australie pour faire concurrence à nos produits sur nos propres marchés français.

L'Olivier reste donc l'arbre méditerranéen et essentiellement algérien. On peut citer les groupes d'oliviers de la Grèce, de l'Archipel, de l'Espagne, de la Tunisie même, mais pour avoir une idée exacte d'un peuplement de ces arbres oléifères dans toute sa beauté et sa vigueur de production, il faut voir les véritables massifs de l'intérieur de la Kabylie, de l'Oued-Sahel ou du Djurjura. Là, les arbres plantés régulièrement y sont séculaires et leurs dimensions devenues gigantesques sous les effets de soins constants et d'une végétation assurée.

Evidemment, les variétés différentes et toutes de races sont les résultats d'une culture avancée, fixée par la greffe ou par la multiplication de bouture, pratiques culturales fort anciennes et perpétuées par la tradition.

Dans le cours de la vallée de l'Oued-Sahel se trouvent quelques plantations véritablement remarquables : les bois d'Ichou, de Boudjelil, de Tixeriden, de Mzaïa et Ferrayas, de Beni-Aïdel, etc... dans lesquels se distinguent principalement trois variétés d'oliviers caractérisés par leurs fruits : *Azernic*, *Chmellal* et *Zeradj*.

En dehors de la Kabylie. qui est le centre le plus important de végétation de l'Olivier et de la production de l'huile, l'arbre précieux se rencontre encore à l'état prospère dans les ravins frais qui avoisinent la plaine de la Seybouse à l'Est, et sur le mamelon arrosé de Tlemcen à l'Ouest.

L'aire d'extention de l'Olivier est considérable en Algérie et des plantations nouvelles y sont déjà prospères. Depuis la colonisation de la Kabylie, qui ne remonte qu'à une quinzaines d'années, de jeunes oliviers ont été plantés. Le périmètre irrigable du barrage de Perrégaux, le village de ce nom, le domaine de l'Habra, Sahouria, l'Habra, etc., etc., renferment de jeunes plantations très-vigoureuses; enfin dans le Sahel d'Alger même le cultivateur commence à soigner par la greffe et la culture des sujets abandonnés au hasard de la broussaille.

L'huile d'Algérie est de qualité fine et supérieure : la couleur et le goût de fruit peuvent être ou accentués ou modérés par l'art de la fabrication, qui, entre les mains des Français, fait de rapides progrès.

Deux centres ont une réputation : Tlemcen dont le marché est restreint par rapport à celui de la Kabylie et Bougie qui est le véritable marché kabyle en même temps que le port d'exportation.

La création d'olivets doit donc tenter l'arboriculteur qui, en dehors de la fabrication de l'huile, peut obtenir par des cultures spéciales les meilleures olives de conserves. En effet, les variétés fort nombreuses se fixent facilement par le greffage et se trouvent aisément en Algérie, *Pandoulier*, *Grosse de Séville*, de *Salon*, de *Constantine*, etc., etc.

La rusticité de cet oléifère est incomparable. Depuis les rives tièdes jusqu'aux altitudes neigeuses, aux environs de 800 mètres, l'Olivier se maintient vigoureux et productif : même abandonné dans la broussaille, où il est connu sous le type sauvage d'*Oléastre*, il supporte longtemps tous les mauvais effets de l'inculture pour redevenir rapidement, sous la main habile de l'arboriculteur, un sujet amélioré à production normale.

V

FRUITIERS A FEUILLES CADUQUES DE DIVERSES RÉGIONS EXOTIQUES

Les végétaux fruitiers à feuilles caduques qui figurent dans les vergers algériens sont, en dehors de ceux de notre arboriculture française, ordinairement originaires de la zone moyennement tempérée, aussi peuvent-ils s'avancer dans les parties montagneuses de l'Algérie, tout en prospérant sur le littoral.

Le groupe le plus en vue est celui des *Diospyros* ou *Plaqueminiers,* parmi lesquels on commence à trouver, dans certaines espèces, des fruits qui rentrent dans la consommation locale.

Diospyros kaki Lin. fils. Plaqueminier du Japon. Figue Kake.

Un petit arbre très-vigoureux à beau feuillage. Ses fruits de couleur ferrugineuse sont du volume d'un gros abricot.

Diospyros pubescens Pursh. Amérique Septentrionale. Plaqueminier à feuilles velues.

Arbre assez grand à fruits moyens, peut-être un peu visqueux et âpres. C'est un arbre rustique et très-traçant.

Diospyros costata Carr. Japon. Plaqueminier à côtes.

Cette espèce est la plus recherchée à cause de ses qualités. D'abord elle se signale par sa rusticité, la beauté de son feuillage, sa bonne tenue et son abondante fructification très-accusée tous les deux ans. Cet arbre donne des produits de bonne heure. Ses fruits sont gros, d'un beau rouge, à côte, sans pépins, juteux et parfumés. La maturité a lieu en automne, octobre et novembre. Les cueillir en pleine maturité et les laisser séjourner sur la paille ou sur la tablette d'un fruitier bien sec.

Ces dernières considérations de maturation sont un peu celles de tous les Plaqueminiers. La chair de ces fruits rappelle un peu les marmelades d'abricot principalement et peut servir à faire d'excellentes conserves.

On se préoccupe d'introduire en Algérie les nombreuses variétés de cette excellente plante japonaise du groupe *D. costata,* notamment.

La culture du *D. costata* est actuellement bien déterminée : on le greffe sur le *D. Lotus.* Lin.

Cette race a été introduite par le Jardin d'Essai d'Alger, en 1869 : elle a été répandue par milliers de sujets.

Ficus carica Lin. Orient. Figuier comestible.

Le figuier est pour ainsi dire à l'état subspontané en Algérie. Il fait partie de toutes les cultures des arabes sédentaires mais on le rencontre surtout en Kabylie. Dans ce pays il forme de vrais arbres élevés sur tronc. S'il est assez rustique, grâce à ses longues racines, pour vivre sur les montagnes, les rochers et dans tous les lieux d'apparence aride, il est cependant très-prospère dans les vallées, mêlé aux oliviers arrosés.

Dans la Kabylie la Figue est non seulement une ressource alimentaire de premier ordre, à l'état frais comme à l'état sec, mais encore elle constitue un article d'exportation d'une réelle valeur.

Pour développer ce commerce il faudrait peu d'efforts : l'emploi de meilleures variétés et une préparation plus minutieuse dans les opérations du séchage.

Punica granatum Lin. Orient. Grenadier.

Le Grenadier est également subspontané en Algérie : on le rencontre dans les jardins arabes des ravins du Sahel. Autrefois, les environs de Koléa avaient des peuplements assez importants de grenadiers à fruits demi-aigres. Les variétés sont nombreuses mais d'abord divisées en deux sections : fruits acides et fruits doux ou sucrés. Quelques fruits atteignent de grosses proportions, cependant ils ne sont pas très-recherchés par le commerce d'exportation.

Pistacia vera Lin. Pistachier.

Anacardiacée de la Perse peu répandue. Quelques rares pieds souvent improductifs se rencontrent dans des jardins arabes et juifs, mais la pistache n'est pas l'objet d'un commerce local ni d'exportation comme sur la côte orientale de la Tunisie. La confiserie algérienne aurait cependant l'emploi de ces amandes à goût spécial. Ce petit arbre est rustique, ne craint pas la sécheresse et se trouve dans de bonnes conditions climatériques partout où croît l'oranger.

D'autres fruitiers de moindre importance sont rustiques dans la zone tempérée, *Hovenia dulcis,* Jujubiers, etc.

VI

FRUITIERS D'EUROPE A PÉPINS ET A NOYAUX
ET DIVERS

La fructification de ces arbres sur le territoire algérien présente un grand intérêt économique, d'autant plus que leur culture peut prendre une place importante dans toute la région montagneuse et même aborder quelques parties des Hauts-Plateaux.

Les fruits d'Europe que l'immigrant, le Français principalement, aime à retrouver, surtout pendant certaines saisons, constituent souvent et dans certaines classes un supplément d'alimentation fort recherché par son caractère hygiénique. Depuis les mesures prohibitives un peu sévères prises en vue de protéger le vignoble algérien des atteintes du phylloxéra, l'importation des fruits français s'est trouvée subitement arrêtée et les arboriculteurs ont dû se préoccuper de la création des vergers pour suffire à la consommation locale.

La culture des arbres fruitiers est une véritable science qui, même en France, est encore l'objet d'expériences suivies; il n'est donc pas surprenant de constater que parmi la diversité des actions climatériques de l'Algérie, l'arboriculture fruitière des régions froides et tempérées n'ait pas encore atteint des résultats d'ailleurs peu éloignés.

L'implantation de cette arboriculture doit embrasser principalement le massif kabyle et les parties montagneuses du petit Atlas, toutes régions à altitudes un peu accusées et encore sous l'influence du climat marin. Là se trouvent des points privilégiés: les ravins kabyles, les massifs boisés de Djidjelli, de Constantine, de l'Edough, des Beni-Salah pour Constantine ; Médéah, Miliana, les contreforts du Petit Atlas, etc., pour Alger, et pour Oran, la ligne des faits non steppiens, sans oublier Tlemcen et ses environs.

Dans ces conditions, tous les fruits des bons vergers de France doivent se retrouver et constituer un deuxième degré de production fruitière, le premier degré étant celui des zones basses et chaudes réservées aux fruitiers des tropiques.

Aucune exception à constater dans la nomenclature arboricole du verger français.

Les arbres à fruits à pépins avec leurs nombreuses variétés hâtives et tardives sont représentés par les *Poiriers*, les *Pommiers*, les *Cognassiers*, etc., etc.

Les arbres à fruits à noyaux, par les *Abricotiers, Pêchers, Cerisiers, Pruniers, Amandiers*, etc. etc...

L'arboriculteur connaît déjà les grands principes de culture : les effets de la greffe sur franc et cognassier pour les fruits à pépins et pour les fruits à noyaux, du Mirobolan, de certains Pruniers et d'autres sujets porte-greffes : il peut avoir à sa disposition les bonnes variétés obtenues en France et il sait aussi que les races hâtives conviennent bien au pays.

Des traces d'excellente végétation arboricole existent encore dans quelques jardins indigènes, et à certaines altitudes comme dans des expositions raisonnées se trouvent des Amandiers séculaires. En Kabylie, quelques gigantesques Abricotiers plantés dans les ravins frais témoignent d'un milieu favorable au développement du verger.

Le verger peut s'étendre dans de tels milieux qui doivent présenter dans un temps relativement court des productions fruitières suffisantes pour alimenter les marchés algériens. Il ne faut pas prétendre de suite à un autre résultat, sauf pour des fruits de luxe, et cette production est encore possible si l'on en juge par certains exemples. Ainsi, des pommes récoltées par M. Couput dans sa propriété d'Ichou, dans le haut de la vallée de l'Oued-Sahel, sont arrivées à Paris en excellent état : la variété cultivée était le Canada blanc qui a été estimé à 0 fr. 75 la pièce.

Les vergers de Saint-Denis-du-Sig, ceux qui naissent presque spontanément aux environs de Perrégaux sous l'effet de l'irrigation, etc., donnent déjà des produits appréciables.

La rapidité des transactions peut ouvrir à cette culture

de luxe des débouchés reconnus prématurés jusqu'à ce jour : en voit par les quelques faits signalés qu'aucun obstacle climatérique ne s'oppose à ces entreprises.

Les *Chataigniers* et les *Noyers* ont un excellent développement dans les parties hautes : les cultivateurs des villages situés à certaines altitudes commencent à se préoccuper de l'avenir de ces deux arbres.

Groseillers, Cassis, Noisetiers, se rencontrent vigoureux dans quelques ravins frais aux altitudes dépassant 600 mètres. Les groseilles de Médéah sont renommées.

L'arboriculture fruitière, dans ses points de vue économiques, est une constante préoccupation chez les nations civilisées. La France importe actuellement pour 50 millions de francs de fruits frais. Les Etats-Unis chiffrent ce commerce par plusieurs centaines de millions ; la culture y est tellement perfectionnée que des races hâtives et tardives ont été créées pour chaque degré de latitude, notamment en ce qui concerne la Pêche.

On voit par là que le climat peut être vaincu par la science du cultivateur et que les premiers exemples obtenus dans cette voie laissent entrevoir à l'arboriculteur algérien des succès certains.

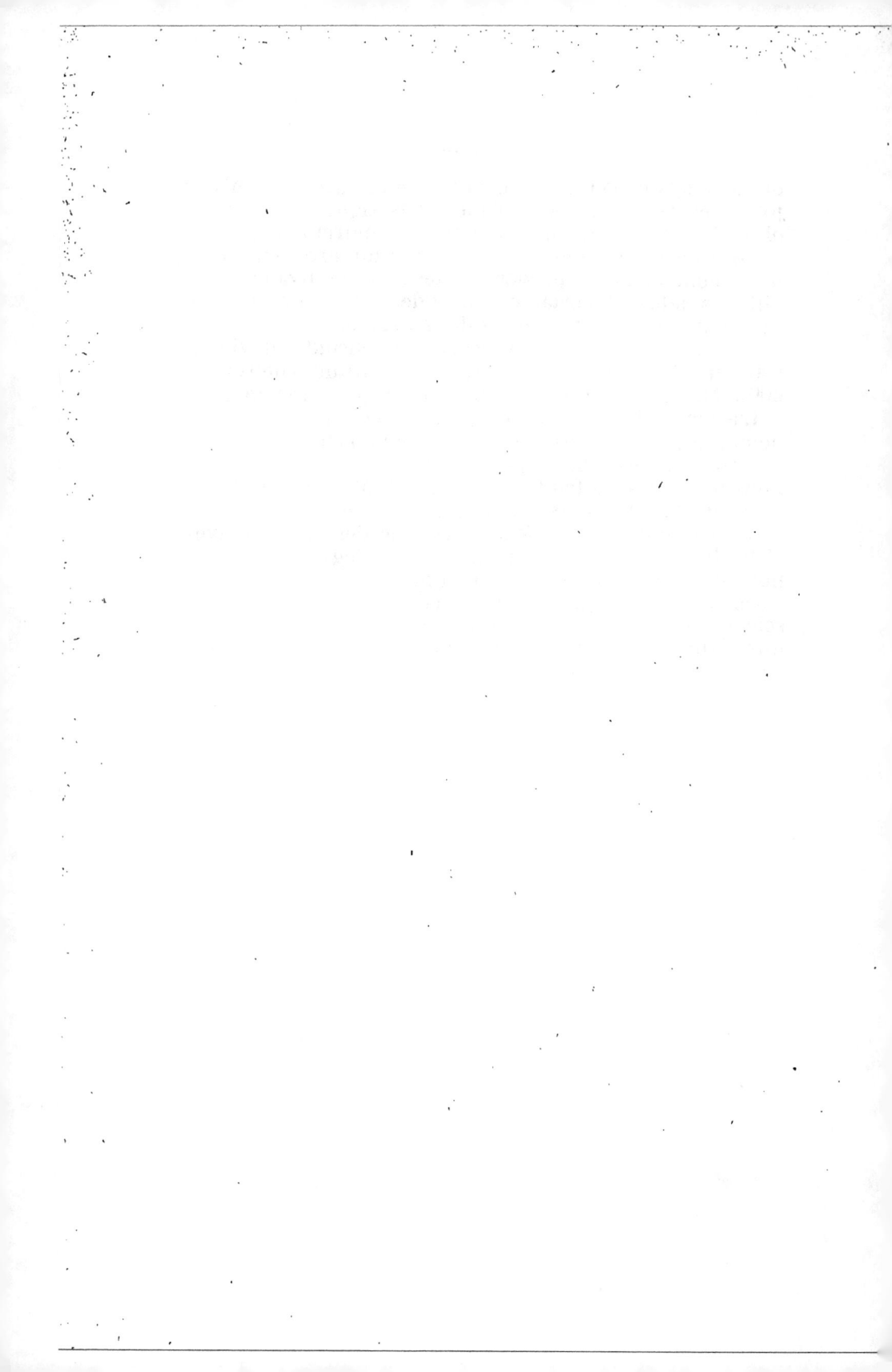

III

VITICULTURE

I

PRODUCTION DES RAISINS DE TABLE
ET DE PRIMEURS

Depuis peu d'années, les viticulteurs de diverses parties de l'Algérie s'occupent de la production du raisin de table dans des buts différents. Plusieurs points de vue sont envisagés.

1° Pour la consommation locale.

2° Pour l'exportation, comme primeurs.

3° Pour la production tardive.

1°. — Les vignes à vins servent ordinairement à la consommation locale : elles comprennent d'ailleurs de bonnes espèces très-productives, *Aramon*, *Cinsault*, *Ugni-blanc*, *Mourvèdre*, etc.

Mais il y a en outre un grand nombre de variétés cultivées à longs bois, en treille, en berceau, etc., qui donnent d'excellents fruits :

Raisin de *Cana*, les *Clairettes* blanche et rose, *Cornichon*, *Gros Guillaume* avec ses très-gros grains, *Kilian*,

Kisch Misch de *Perse* sans pépins, *Malaga rose*, *Milhau blanc* à grappes énormes, *Muscats* variés et d'*Alexandrie* notamment, *Persan rose*, *Rosa Reveliotti*, *Roussea blanc*, *Rumonya* de la *Transylvanie* à très-gros grains, *Sultanieh* de la *Carabournou* à longues grappes à fruits sans pépins, etc., etc

Quelques variétés indigènes sont également appréciées : *Plant de Dellys*, *Ferana blanc*, *Chaouch*, à grand développement de feuilles et de grappes.

2°. — Les vignes cultivées en vue des primeurs sont l'objet de soins spéciaux. Les plantations ne donnent des résultats que dans la zone immédiatement littoralienne, dans les sables du rivage ou sur les versants des côtes les mieux exposées.

Aux environs d'Alger, la côte Ouest, jusque vers Sidi-Ferruch, à Guyotville notamment, possède des cultures de vignes de primeurs très-bien entretenues et abritées des vents de mer par des séries de brise-vents artificiels.

La principale variété cultivée est le *Chasselas* de *Fontainebleau*. Cette espèce arrive à maturité suffisante dans le commencement de juillet, quelquefois fin de juin. Les grappes sont soigneusement emballées dans de petites caisses, puis expédiées sur la France par les paquebots quotidiens.

3°. — Les produits tardifs commencent à être l'objet d'études attentives. Dans l'intérieur des terres et surtout en Kabylie, certaines vignes dites « indigènes » ne mûrissent leurs fruits que dans le courant de novembre ou de décembre. Les grappes sont ordinairement de fortes dimensions, à brillantes colorations et d'un aspect très-séduisant.

On a pensé leur appliquer un procédé fort usité en Russie, qui consisterait à les conserver en baril dans des couches de poussière de liége afin de ne les expédier fraîches et présentables dans les grandes villes de France, que vers la fin de décembre, et dans le courant de janvier et de février, moment où elles auraient une grande valeur.

On se préoccupe de déterminer les qualités de certaines espèces à maturation tardive : *Valentia blanc*, *Valentino gris*, etc., mais principalement les plants indigènes connus sous les noms de : *Ferana noir*, *Ah meur bou Ah meur*, *Oued zitoun noir*, *Zizet et Suassa*, *Cherchali*, etc.

En général, les vignes dites à raisins de table ont une grande production en Algérie. Tous les cépages y prospèrent, y compris tous ceux de l'Orient et de la Perse.

On connaît actuellement 150 bonnes variétés de choix, parmi lesquelles les viticulteurs des régions diverses pourront trouver des vignes utilisables pour l'approvisionnement des marchés ou pour le commerce d'exportation.

La culture forcée, qui prend une réelle extension dans les serres du Nord de l'Europe, et la hâtiveté et la beauté des raisins obtenus économiquement dans ces pays doivent engager le viticulteur algérien à profiter des ressources naturelles offertes par le climat littoralien : aussi on commence à rechercher les meilleures applications de traitement et l'incision annulaire sera bientôt pratiquée. On sait que cette opération détermine non-seulement la hâtiveté de la maturation mais encore augmente l'intensité saccharimétrique du fruit, ainsi que le démontrent les expériences chimiques de M. Gustave Rivière, directeur du laboratoire agronomique de Versailles.

IV

VÉGÉTAUX ÉCONOMIQUES ET INDUSTRIELS

I

ARBRES, ARBRISSEAUX, PLANTES ANNUELLES OU VIVACES

Dans une contrée où les questions de boisement sont constamment à l'ordre du jour, où l'arbre est une nécessité qui s'impose par des considérations de toutes sortes, on a souvent pensé avec juste raison qu'il fallait demander aux arborescents, en dehors de leur action ordinaire dans l'hygiène d'un pays, un rendement économique d'un profit plus direct. Planter des espèces ligneuses et utiles serait donc un double but à atteindre. L'horticulture a déjà de sérieux éléments pour guider les planteurs dans cette voie nouvelle.

ESPÈCES DEVANT VIVRE SOUS LE CLIMAT MARIN AU NIVEAU DE LA MER

Un groupe de *Sapindacées* de nature arborescente mérite de fixer l'attention : c'est le genre *Sapindus*.

Trois espèces sont principalement rustiques :

Sapindus emarginatus Wahl. Indes Or.

    — **indicus** Poir. Inde.

    — **surinamensis** Poir. Surinam.

Ces trois beaux arbres sont connus sous le nom vulgaire de *Savonnier*. En effet, les fruits qui mûrissent à la fin de décembre, de la grosseur de petites noix, sont essentiellement saponifères et remplacent avantageusement le savon pour le blanchissage. L'emploi de ce fruit commence à entrer dans la pratique des ménagères des environs du Hamma et d'Alger, grâce aux récoltes du Jardin d'Essai.

Cette matière saponifère convient principalement aux lainages et aux draps, car, en dehors de son action de lessive, elle laisse aux vêtements lavés un brillant et un lustre particuliers.

Un bel arbre donne annuellement de 80 à 100 kil. de fruits à un franc le kilo. Les écorces et les feuilles sont également saponifères.

L'industrie ne tardera pas à s'occuper de ce produit qui est déjà à l'étude par **M.** Gustave Rivière, Directeur du Laboratoire agronomique de Versailles. Cet habile chimiste, qui a déjà trouvé dans les fruits environ 50 0/0 de *Saponine*, expose dans la section algérienne quelques échantillons de cette matière industrielle.

Le bois, à grain fin et serré, est excellent pour l'ébénisterie.

Croton sebiferum ou **Stillingia sebifera.** Mixchx, Japon Chine. Arbre à suif.

Cette Euphorbiacée est un grand arbre rustique, ressemblant assez au Peuplier et au Tremble par son feuillage qui prend à l'automne une teinte foncée en même temps qu'apparaît une abondante fructification. Les fruits sont blancs et contiennent 3 ou 5 graines recouvertes d'une substance *sébacée* ou *suif végétal*, employée en Chine et au Japon pour faire des bougies.

L'industrie algérienne ne s'est pas encore prononcée sur l'utilisation de cette matière grasse.

Le bois de cet arbre est de bonne qualité en Algérie.

Le genre Ficus, Morées-Ulmacées, se signale par une puissante végétation littorialienne. Quelques-uns contiennent un latex abondant qui est un véritable caoutchouc.

Ficus elastica Roxb. Indes Or.

Grand arbre, mais à suc peu abondant.
Puis un groupe de Ficus macrophylles parmi lesquels il faut mettre en première ligne :

Ficus Roxburghii Wall. Indes Or.

Arbre à grand développement, s'implantant fortement dans le sol à l'aide de ses nombreuses racines adventives dont l'agglomération et la soudure constituent d'énormes troncs. Les incisions faites sur les troncs ou sur les branches laissent couler un liquide laiteux et abondant qui se coagule à l'air.
Les analyses démontrent que cette matière est un excellent caoutchouc.
La question économique est à résoudre.

———

Pouvant s'étendre dans les parties montagneuses à hiver marqué :
Deux Frènes dont on peut retirer des matières sucrées, originaires du bassin méditerranéen :

Fraxinus ornus Lin.
   —   **rotundifolia** Lamk.

———

Les *Mûriers* ont eu et auront peut-être encore un rôle actif en sériciculture algérienne. Leur végétation ne laisse rien à désirer et les pépiniéristes connaissent bien l'éducation des différentes variétés propagées par la greffe.

Morus alba L. Morées Chine.
   —   —   **Lou.**
   —   —   **multicaule.**
   —   —   —   **hybride.**

———

Rhus coriaria L. Europe méridionale. Térébinthacées.

Cet arbrisseau de la région méditerranéenne est d'une venue facile dans les terres sèches et calcaires. Ce végétal, qui possède des principes tanniques employés en industrie, est assez cultivé en Espagne et en Sicile et est recherché à des prix avantageux.

———

Un groupe australien de *Mimosées* est également à cultiver pour ses écorces riches en tannin : *Acacia decurrens*, *A. leiophylla*, *A. cyanophylla*, *A. pycnantha* etc., etc. On connaît déjà leur végétation rapide et les facilités de récepage qu'ils offrent.

D'autres *Mimosées*, qui végétent sur le littoral algérien seulement, sont dans leur pays d'origine des végétaux gummifères. Dans nos cultures leur rendement industriel est douteux et dans tous les cas leur diffusion est limitée à des points exceptionnellement favorisés.

Acacia albicans H. B.
— **arabica** Willd. Arabie.
— **vera** Willd. Egypte.
— **catechu** Willd. Indes Or.
— **macrantha** H. B. Am. austr.
— **procera** Willd. Indes Or.

Cependant on classe parmi les végétaux gummifères certaines espèces australiennes ou autres qui sont rustiques sous notre climat marin, mais l'extraction de leur gomme n'est nullement reconnue comme opération rémunératrice.

Acacia decurrens Willd. Australie.
— **dealbata** Link. —
— **homalophylla** H. Cunc. —
— **pycnantha** Bent. —
— **Lebbeck** Willd. Egypte.

Puis trois espèces véritablement rustiques et de culture très-facile :

Acacia capensis Burch. Cap.

— **horrida** Willd. Indes Or.

— **Farnesiana** Willd. Indes Or.

Parmi les végétaux énumérés dans ce chapitre, il y en a certainement de très-intéressants, mais leur exploitation économique est loin d'être un fait démontré, à l'exception des *Sapindus* cependant, dont le rendement rémunérateur est un fait acquis.

Il faut bien se convaincre que dans leur pays d'origine tous ces végétaux producteurs de matières industrielles sont exploités dans leur état spontané et que c'est la nature qui a fait la première mise de fonds depuis des siècles. L'homme n'a qu'à récolter, mais quand il doit planter, la question se complique de charges financières qu'il faut balancer avantageusement. Dans la culture algérienne il y a dans cet ordre d'idées une question économique de première importance qu'il faut savoir prendre en sérieuse considération.

PLANTES OLÉAGINEUSES

Dans un pays où l'Olivier se rencontre à l'état spontané sur la plus grande partie du territoire, la culture des plantes oléagineuses semble devoir être reléguée à l'arrière-plan, surtout en ce qui concerne les oléifères comestibles.

En dehors du Colza, du Carthame, de la Cameline, du Madie, des Navettes, etc., etc., et principalement du Lin pour graines, plantes de grande culture qui réclament plutôt les zones moins chaudes, d'autres végétaux ont été préconisés, notamment le Sésame, *Sesamum orientale* Lin. Indes. Or. Bignoniacée qui demande un climat doux et des arrosements suivis, mais qui ne paraît pas devoir être classée en Algérie, parmi les plantes véritablement économiques.

L'Arachide, *Arachis hypogea* Lin. Antilles, plante sarclée et de culture indigène sur quelques rares points, ne peut figurer au nombre des oléifères économiques pour l'Algérie.

Seule, une plante de nature arbustive pourrait fournir une huile industrielle dont l'emploi dans la machinerie serait fort apprécié, c'est le Ricin.

Le Ricin commun, *Ricinus communis* L., croît spontanément sur le littoral algérien, et bien d'autres espèces de cette Euphorbiacée ont de remarquables développements dans certaines terres. Le Ricin rouge ou *Ricinus sanguineus* Hort. est une des bonnes espèces par sa croissance rapide et son rendement: des expériences par la pression à froid des graines ont donné une huile limpide ayant à peu près, en machinerie, les avantages de l'huile de pied de bœuf.

Une autre Euphorbiacée, *Elæococca vernicifera*, Chine, produisant une huile siccative fort recherchée en Chine, est recommandée par certains, mais un résultat satisfaisant est douteux sous notre climat.

III

PLANTES TEXTILES

En dehors du Lin, cultivé sur d'assez grandes étendues mais seulement pour sa graine oléifère, les autres
textiles n'ont pas encore pris place dans la culture algérienne. Les principales espèces connues par leur emploi
industriel appartiennent à la section des cultures irriguées.

Phormium tenax Forst. ou Lin de la Nouvelle-Zélande.

Cette Liliacée, quoique robuste, n'est pas de culture ni de
propagation faciles et rapides. Sa place n'est que dans les
jardins.

Corchorus ou Jute. Tiliacées.

Deux espèces produisent cette fibre, mais la culture de
ces plantes annuelles est délicate en Algérie.

Corchorus capsularis Lin. Indes Orient.

— **olitorius** Lin. Inde.

Cette dernière plante est plus rustique que la précédente.

MUSACÉES. BANANIERS

Plusieurs Bananiers contiennent des fibres utilisables
mais elles semblent bien difficiles à exploiter. Les principales espèces résistantes sont :

Musa paradisiaca Lin. Indes Or.

— **sapientum** Lin. Indes Or.

Les espèces séminifères, comme l'Abaca, *Musa textilis,* Nees, Amboine et le *Musa Troglodytarum* Lin. Iles Molucc, sont moins résistantes que les précédentes : elles produisent les meilleures fibres.

———

AMARYLLIDÉES. AGAVES. TEXTILES

Les nombreuses espèces de ce genre, très-rustiques dans les parties chaudes, peuvent également trouver des stations favorables dans les localités tempérée set froides. Quelques-unes de ces plantes méritent d'être essayées sur les Hauts-Plateaux et sur les pentes sahariennes, en un mot dans les climats secs et arides : les végétations des plateaux du Mexique et de l'Arizona sont appelés à fournir d'utiles indications dans cet ordre d'idées.

Actuellement, l'*Agave americana* Lin. se rencontre en Algérie à l'état subspontané et l'*Agave mexicana,* Lam. est déjà très répandu.

Les espèces *Agave salmiana* Hort. Mexique, *A. Ixtli.* Karw, du Mexique, chanvre Sesal, *A. Houletti,* etc., ont un beau développement.

Les *Fourcroya gigantea* Vent. Am. mérid. et *F. Delevanti* Hort., qui ne peuvent sortir de la zone tempérée, sont également de grande taille : ils fournissent la filasse dite Pite.

———

Beaucoup de Malvacées fournissent également des matières fibreuses :

Hibiscus cannabinus Lin. Asie et Afrique.

— **Sabdareffa** Lin. —   —

deux plantes annuelles à pousse rapide.

Abutilon indicum Swet. Indes. Arbrisseau à fibres textiles.

Le genre *Sida,* qui se développe si facilement sur le littoral, renferme également des espèces fibreuses.

Le genre *Gossypium*, Cotonnier, a joué autrefois un rôle dans la culture algérienne : on ne retrouve plus cette plante que dans les jardins, sous sa forme annuelle et quelquefois arborescente. Le Cotonnier est limité à la zone littoralienne, puis reparait dans les oasis du Sud-Est.

Cannabis sativa Lin. Asie. Chanvre.

Le Chanvre appartient, en Algérie, aux cultures irriguées. La grande culture ne s'en est pas encore emparée et elle est restée à l'état d'essai dans quelques parcelles arrosées. Cependant le Chanvre du Piémont et le Chanvre géant de la Chine ont produit des filasses de qualité. L'extention du périmètre des irrigations permettra de reprendre cette question, peut-être difficile à cause du rouissage ; dans tous les cas, cette plante malgré sa valeur semble devoir être délaissée si la Ramie réussit sur notre territoire.

RAMIE

Dans les grandes plaines de la zone tempérée du pays, où l'irrigation d'été est assurée et constante, les plantations de Ramie pourraient donner un rendement économique si les questions industrielles s'appliquant à ce précieux textile étaient enfin résolues.

Deux espèces d'Urticées sont connues sous les noms de Ramie, Ortie de Chine ou China grass, *Urtica nivea*, Lin. Chine, et *Urtica tenacissima* Roxb. Ind. Orient.

Urtica (Bœhmeria) nivea ou Ramie blanche.

Cette espèce est la véritable plante utilisée de tout temps par les Chinois : elle peut être cultivée en Algérie, sur le littoral comme dans les parties montagneuses. Sa rusticité est reconnue et son rendement bien déterminé est, en bonne culture, d'environ 500.000 tiges à l'hectare, ou 25.000 kilos de tiges vertes par coupe. Trois coupes annuelles sont facilement obtenues.

Urtica (Bœhmeria) tenacissima ou Ramie verte.

Cette espèce est moins robuste en Algérie que la précé-

dente, en ce sens qu'elle souffre en dehors du climat littoralien ou des plaines peu élevées. Son rendement en
poids vert est peut-être supérieur à celui de la Ramie
blanche, mais rien ne démontre que la quantité en fibres
soit supérieure.

Les avis sont donc partagés sur la préférence à donner
à l'une ou à l'autre de ces deux espèces, ainsi que sur
le traitement en *vert* ou en *sec* à appliquer à chacune
d'elle.

Le manque de machines ou de procédés pratiques de
décortication ainsi que l'incertitude de données certaines
sur le véritable rendement économique d'une plantation en
Algérie, sont deux causes qui depuis plus de 20 ans re-
tardent l'extension de cette culture sur nos terres.

L'Algérie ne possède que quelques plantations d'essai
qui ont permis de reconnaître que la filasse était de bonne qualité, mais en dehors de ces expériences de labora-
toires, aucun résultat industriel n'est encore de nature à
asseoir les prix généraux de vente des produits bruts ou
décortiqués.

Un concours officiel de machines à décortiquer a eu lieu
à l'automne 1888 : il sera renouvelé à l'Exposition uni-
verselle de 1889. Les procédés méthodiques de traitement
seront peut-être déterminés en cette dernière et solennelle
circonstance.

IV

PLANTES OFFICINALES

On comprend ordinairement en culture, sous ce terme général, toute cette section des plantes médicinales de la vieille herboristerie métropolitaine qui poussent spontanément dans nos campagnes de la France.

Armoise, Absinthe, Consoude, Bardane, Marjolaine, Saponaire, Tanaisie, etc.

Toutes ces plantes se cultivent aisément en Algérie, mais la région montagneuse est surtout à leur convenance en raison de la fraîcheur et de l'humidité qu'elles réclament.

Plusieurs auteurs pensent encore que le climat algérien se prêterait à la culture de quelques végétaux qui enrichiraient la matière médicale : *Quinquina, Ipeca, Coca, Pilocarpus*, etc. C'est d'abord la science de l'acclimatation qui doit se prononcer sur ces questions, mais on peut douter que la plante principale, le *Quinquina*, puisse jamais vivre à n'importe quelle altitude en Algérie. Ensuite, il y a la question économique à résoudre et elle est sévère relativement à la culture de plantes de nature délicate.

V

PLANTES TINCTORIALES

———

Les découvertes de la chimie industrielle ont relégué à l'arrière-plan les végétaux cultivés pour leurs produits tinctoriaux ; aucun avenir économique n'est donc réservé, en Algérie, aux plantes de cette nature.

Certaines plantes de la zone chaude et tempérée ne peuvent entrer en culture pratique, tels sont les

Coulteria tinctoria H. B. Mexique.

Cæsalpinia coriara Willd. Amér. Austr.

Hæmatoxylon campechianum Lin. Am. tropicale.

Wrightia tinctoria R. Br. Indes-Or.

Et tant d'autres encore, mais cependant quelques-unes à tempérament plus rustique ont été essayées sur certaines surfaces.

Rubia tinctorum Lin. Af. B. Garance. Rubiacée.

Pour des raisons d'ordre économique, la Garance, malgré sa bonne végétation sous le climat des plaines algériennes, à sol riche et à base de calcaire, n'a pu s'implanter dans notre agriculture.

Les dérivés de la houille ont d'ailleurs rendu impossible la culture des plantes productives des belles couleurs rouges.

Opuntia coccinellifera Mill. Mexique. Nopal à cochenille.

On avait fondé de grandes espérances sur le rendement de la cochenille. L'éducation de cet insecte sur le Nopal planté dans les parties chaudes et abritées n'offre aucune difficulté, mais le producteur s'est heurté, dès le début, à des questions économiques difficiles à résoudre. Actuellement la situation de cette culture est analogue à celle de la Garance.

Indigofera ou Indigotier.

La végétation de ces légumineuses est facile sur le littoral. Peut-être même que quelques-unes des espèces industrielles vivraient dans les oasis du Sud-Est. Cependant, les coupes successives ne sont pas suffisantes en Algérie pour donner un rendement pouvant lutter avec les produits exotiques et la chimie.

Indigofera tinctoria Lin. Afriq. Aust.

    —   **anil** Lin. Antilles.

    —   **argentea** Lin. Inde.

Lawsonia alba Lamk. Inde. Henné.

Cette *Lythrariacée* sous-frutescente, recherchée par les Musulmans pour son produit tinctorial d'un rouge brun, n'est pas cultivée sur le littoral mais se rencontre dans toutes les oasis. La consommation de ses feuilles sèches est considérable et l'on se demande si une culture régulière en terrain et climat convenables ne serait pas lucrative.

Carthamus tinctorius Lin. Afr. or. Carthame ou Safran bâtard.

Cette *Composée*, belle plante des jardins, réussit bien en Algérie où elle aurait pu rendre des services industriels il y a une trentaine d'années. L'emploi d'une certaine main-d'œuvre s'oppose actuellement à sa culture.

VI

PLANTES A ESSENCE ODORIFÉRANTE

Les plantes à parfum sont ordinairement recherchées par les arabes et les juifs : elles ont été en majorité dans leurs jardins il y a quelques années.

L'industrie a essayé l'utilisation de diverses cultures analogues à celles des Alpes Maritimes : la conclusion en est encore indécise quoique la végétation d'un très grand nombre de ces espèces odoritérantes ne laisse rien à désirer dans diverses localités algériennes.

Acacia Farnesiana Wall. Acacie ou Cassis de Farnèse.

— **Cavenia** Bert. Acacie ou Cassis de Buenos-Ayres.

Ces deux Mimosées, véritables arbrisseaux, supportent facilement diverses tailles.

Les différents *Jasmins* et les *Orangers* pour leurs fleurs sont de cultures faciles : également, pour leurs feuilles, le *Verbena citriodora* ou Verveine odorante et le *Bigaradier*.

Enfin, peuvent être plantées régulièrement en plein champ :

Geranium capitatum dit *Geranium rosa*. Hort.

Andropogon muricatus Retz. Indes Or. Vétiver.

— **nardus** Lin. Indes Or. Nard.

Polyanthes tuberosa Lin. Indes Or. Tubéreuse.

Puis en longues bordures à coupes nombreuses, les Romarins, Santolines, Lavandes, etc. etc.

VII

TABAC

Les variétés du *Nicotiana Tabacum* sont nombreuses et conviennent à certains sols de l'Algérie. Une race paraît à peu près fixe, c'est celle dite de *Chebli* qui a une grande analogie avec le tabac de la Guadeloupe, quoique un peu inférieure en finesse et en parfum.

Différentes tentatives ont démontré que la plus grande partie des tabacs connus végétaient bien en Algérie et que, du côté cultural, ne se rencontrait aucune difficulté. Certains errements administratifs de la Métropole arrêtent momentanément l'extension de cette production.

La culture du tabac est la seule culture sarclée qui, en Algérie, réclame peu ou point d'eau et permet d'utiliser des sols légers mais de bonne nature; elle emploie en outre un nombreux personnel pour les soins de la terre, la récolte et les manipulations successives qu'elle exige.

On estime à environ 10.000 hectares la surface complantée annuellement en tabac dont la récolte en feuilles varie entre 5 à 6 millions de kilogrammes. Les planteurs sont principalement des indigènes : leur nombre s'élève à environ 8.000 tandis que celui des Européens est à peine de 1.400.

La production du tabac fut autrefois une source de prospérité pour le colon, mais depuis quelques années un arrêt bien marqué dans les transactions a restreint les surfaces consacrées à la culture.

La création de bonnes races pourra attirer l'attention des fabricants sur les qualités des récoltes sur le territoire algérien. Pour atteindre ce but il convient de choisir les variétés et de les conserver pures, sélection qui a été quelque peu négligée jusqu'à ce jour.

Le Gouvernement général de l'Algérie s'est préoccupé tout dernièrement de l'introduction de semences venant de pays renommés par les qualités de leurs tabacs. Des essais sérieux ont déjà été tentés avec les races de Dehli, (Sumatra) et celle des plateaux du Mexique.

Le tabac de Dehli est une vigoureuse plante, ne craignant pas la grande chaleur, supportant de légères irrigations sans épaissir son parenchyme ou augmenter le volume de ses nervures. Le recépage donne naissance à des rejets portant de larges feuilles d'une grande finesse.

Ce tabac, bon à fumer, est surtout employé pour le revêtement extérieur des cigares à cause de l'élasticité et de la belle couleur de sa feuille.

Des échantillons divers figurent à l'exposition algérienne au milieu des types variés de la culture du pays.

VIII

ARBRES POUR ABRIS ET BRISE-VENTS

—

Le bon état des cultures productives des jardins et des vergers ne saurait s'obtenir sans les rideaux de végétation qui interceptent ou atténuent la violence ou l'aridité des courants atmosphériques. Ces murailles de verdure sont utiles au premier chef pour protéger les plantations d'orangers principalement.

Les Conifères fournissent les meilleurs éléments de protection.

Cupressus horizontalis Mill. Eur. Austr.

— **pyramidalis** Targ. Eur. Austr.

Puis dans un autre genre moins utilitaire :

Thuia orientalis Sieb. et Zucc. Chine et Japon.

— **Nepalensis** Lodd. Népaul.

Tous ces Conifères s'étendent également à la zone froide

Une Casuarinée littoralienne seulement peut remplacer le cyprès, quoique avec moins d'avantages.

Casuarina tenuissima Sieb. — Nouvelle-Hollande.

Dans les jardins on emploie :

Laurus nobilis Lin. Eur. Aust.

Ligustrum japonicum Thunb. Japon.

Ficus nitida Thunb. Ind. Or.

lævigata Vahl. Iles Caraïbes.

On a également préconisé les Eucalyptus, mais ils ne conviennent à ces usages directs que dans leur jeune âge et notamment l'*Eucalyptus rostrata* Cav. Nouvelle-Hollande.

IX

PLANTES POUR HAIES ET CLOTURES

L'horticulture a emprunté aux régions exotiques ces utiles végétaux qui servent à protéger la propriété contre les incursions des maraudeurs et des quadrupèdes fauves ou domestiques.

Les essences connues en Europe ne pouvaient donner aucun résultat de cette nature dans notre zone tempérée où la rusticité et la croissance rapide étaient des conditions initiales à remplir.

En première ligne se placent les *Acacia* épineux, *Mimosées* qui forment des haies impénétrables et sont ordinairement employées pour la défense des vignobles.

Acacia horrida Wild. Indes-Or.

— **eburnea** Wild. Indes-Or.

Espèces armées de longues épines blanches.

Acacia Capensis Burch. Afr. Austr.

— **Cavenia** Bert. Buenos-Ayres.

Espèces à petites épines assez rapprochées. Végétation moins fougueuse mais plus dense.

Une Légumineuse du Mexique, très-épineuse, à feuillage et à floraison agréables se recommande également pour haies, mais cette plante n'aime pas à quitter le littoral c'est le *Coulteria tinctoria* H. B. Mexique.

Une Bambusacée, *Bambusa spinosa* Roxb. Indes-Or.

Bambou épineux, forme une muraille impénétrable par ses chaumes épineux et enchevêtrés. Ce bambou ne quitte pas le littoral.

Quelques Aurantiacées servent à composer des haies, notamment le *Citrus bigaradia* dont les tailles annuelles servent à la distillation ; les orangers francs forment également de bonnes lignes de clôture.

D'autres végétaux concourent plus ou moins au même but mais dans un ordre pratique bien moindre : Agave, Opuntia, Cæsalpinia, etc.

En horticulture proprement dite, c'est-à-dire comme emploi dans les jardins, on trouve une autre série de végétaux d'un caractère moins défensif et plus ornemental, notamment dans les *Verbenacées*.

Duranta Ellisia Lin. Indes-Occ.

— **Plumieri** Lin. Indes-Occ.

A feuillages touffus et à abondantes floraisons.

Les *Lantana* variés dont la végétation doit être restreinte, puis les Grenadiers, les Rosiers Indica major, etc.

Dans la deuxième zone à hiver marqué, deux plantes sont d'un usage commun et peuvent remonter jusqu'à la limite des Hauts-Plateaux.

Cratægus oxyacantha Lin. Europe. Aubépine.

Paliurus aculeatus Lam. Europe-Mér. Paliure.

Deux autres espèces forment des haies de moindre valeur.

Maclura aurantiaca Nutt. Louisiane.

Gleditschia sinensis Lam. Févier de la Chine.

V

VÉGÉTAUX ALIMENTAIRES

I

TUBERCULES ET RACINES

Parmi les éléments d'alimentation . recherchés par l'homme, quelques produits tuberculeux, à végétation souterraine, occupent une large place dans les cultures maraîchères des pays chauds du littoral algérien.

En première ligne il faut citer la Pomme de terre, *Solanum tuberosum* Lin. Chili et variétés. Ce précieux tubercule est cultivé dans deux buts différents : pour l'exportation et pour la consommation locale.

L'exportation n'a besoin que des cultures dites de primeurs qui doivent arriver sur les grands marchés de France au premier printemps principalement, durant le carême et surtout dans la semaine précédant Pâques. Ces cultures s'obtiennent seulement sur le littoral, dans des terres légères, saines et bien fumées.

Le choix de la variété a une importance considérable dans la production des primeurs qui, à la hâtiveté, doivent joindre un certain aspect dit marchand.

Les deux variétés actuellement employées sout la *Quarantaine* et la *Royale Kidney*.

Suivant les années, on a vu le quintal de pommes de terre nouvelles atteindre quarante et cinquante francs.

Les chiffres d'exportation s'élèvent annuellement aux environs de trois millions de kilogrammes.

Dans les zones à hiver marqué on cultive ce tubercule pour des usages locaux. La production est insuffisante puisque l'Algérie importe des quantités considérables de pommes de terre.

Cependant l'extension de cette culture est en accroissement. Dans certains cas elle supporte bien l'irrigation et donne ainsi des produits pendant la saison estivale jusqu'aux abaissements de température.

La création de variétés nouvelles faisant race s'impose en Algérie.

Batatas edulis Chois. Indes-Occ. Patate comestible. Convolvulacées.

La Patate ne sort pas des plaines littoraliennes. Cet excellent tubercule est recherché principalement par les étrangers et même les arabes qui savent lui donner des préparations particulières.

La Patate est cultivée aux environs d'Alger dans les terrains légers voisins du rivage : les tubercules, souvent de fortes dimensions, figurent sur les marchés d'Alger aux prix de 6 à 10 francs les cent kilos, mais il augmente vers le printemps.

On a bien déterminé la culture de la Patate dont le succès dépend absolument d'un sol meuble abondamment fumé et soumis à des irrigations régulières ; c'est cette dernière considération qui réduit l'étendue des surfaces affectées à ce tubercule.

La Patate se plante par boutures enracinées et non par tubercule, contrairement à la Pomme de terre et à l'Igname.

Un hectare de Patates produit de 10 à 20,000 kilos.

Cette plante a des avantages économiques bien marqués. Son entretien et son arrachage préparent le sol pour d'autres cultures et ses tiges feuillues peuvent supporter des coupes très-recherchées par le bétail, sans nuire pour cela à la production du tubercule.

L'horticulture a retiré de la Patate de nombreuses variétés parmi lesquelles les plus productives sont la *rouge longue*, la *longue jaune* et la *rose de Malaga*.

Cependant la *Patate blanche ronde* est encore le meilleur type à cultiver à cause de sa forme de facile extraction du sol.

Cette plante tuberculeuse a été bien cultivée par un habile horticulteur de Blidah, M. Paul Fontaine, qui en a obtenu d'intéressantes variétés.

Dioscorea Batatas. Igname de la Chine. Dioscorées.

Un grand nombre d'auteurs pensent que l'Igname, cette plante fortement tuberculeuse, serait une puissante ressource alimentaire pour les habitants de l'Algérie, se basant sur les services qu'elle rend dans la zone tropicale, non-seulement aux colons par ses bonnes variétés, mais encore aux animaux par les feuilles et les tubercules des races inférieures. En effet, dans les contrées chaudes, cette *Dioscorée* a un puissant développement du système souterrain et de tiges volubiles chargées d'un feuillage abondant.

Cependant la culture de cette plante n'est possible en Algérie qu'avec la race dite *Igname de Chine*, originaire d'une contrée tempérée, presque froide.

En règle générale, l'Igname, malgré son tubercule plein de substance féculente, n'est pas chez nous d'une culture pratique. Ce tubercule s'enfonce par trop profondément en terre et son extraction du sol devient une opération tellement difficile et dispendieuse que le rendement en argent est inférieur aux frais de culture.

Le groupe des *Dioscorea alata* Lin. supporte bien le climat du littoral et même des plaines peu élevées : il présente deux sections.

Une section à *tubercules pivotants :*

Dioscorea alata. Jambe d'Éléphant.
—   longue jaune.
—   longue rouge.
—   longue rose.
—   longue violet.

Une deuxième section plus intéressante, à *tubercules arrondis*, relativement :

Dioscorea alata. Patte de tortue.
—   rose ronde.
—   violette ronde.

L'emploi de ce riche tubercule en matière alimentaire n'est donc possible que si l'horticulteur parvient à créer des races fixes, à système souterrain arrondi et ramassé.

Par le semis, on peut arriver à ce résultat, car dans les expérimentations tentées au Jardin d'Essai on a trouvé des inflorescences contenant les deux sexes sur des pieds différents. Autrement, la seule multiplication par fragments du tubercule ou par les bulbilles ne peut que propager la plante avec son type pivotant et anti-économique.

Helianthus tuberosus Lin. Brésil. Topinambour.

Le petit tubercule de cette *Composée* ne semble pas assez connu dans tous ses avantages de rusticité et d'alimentation. Son extension jusqu'aux Hauts-Plateaux est très-possible et sa place est marquée dans des terrains relativement secs. Les bestiaux sont très-friands de ses racines et de son feuillage.

Quelques essais de culture sont tentés au point de vue de l'industrie des alcools.

II

DIVERS TUBERCULES EXOTIQUES

———

Quelques autres plantes alimentaires de cette division des tubercules ont été préconisées comme culture économique: elles ne paraissent pas devoir jouer ce rôle en Algérie, quoique leur développement y soit satisfaisant.

Empruntées aux régions intertropicales, pour la plupart, leur station de résistance serait d'ailleurs limitée chez nous au climat le plus chaud du littoral où les terres sont riches, légères et bien arrosées.

Un groupe d'*Aroïdées* se fait remarquer par le nombre de ses espèces assez rustiques, c'est le genre *Caladium* ou *Colocasia* dont les tubercules sont parfois volumineux, succulents et d'une saveur agréable, mais qui demandent une préparation préalable pour les débarrasser des principes âcres et nuisibles qu'ils contiennent.

Les *Caladium* ou *Colocasia* ou Gouets comestibles qui prospèrent en Algérie et qui sont plus recherchés comme plantes ornementales que comme végétaux alimentaires, bien qu'ayant une certaine richesse féculente, sont:

Caladium esculentum Vent. Amboyne. Colocase d'Egypte.

— **sagittæfolium** Vent. Choux caraïbe.

— **edule** Meyer. Taro de Polynésie.

— **violaceum** Desf. Antilles, à couleur violette.

— **odoratum** Roxb. Indes Orient.

— **cucullatum** Pers. Chine, en capuchon.

Puis quelques espèces moins rustiques :

Colocasia macrorhyza. Colocase à grosse souche.

— **Roxburghi.** A petites feuilles.

L'espèce la plus rustique est le *Caladium esculentum*, dont un peuplement abandonné depuis longtemps vit encore à l'état subspontané à l'embouchure d'un petit oued, près le cap Rosas, non loin de La Calle.

Manihot utilissima Pohl. Amérique mérid.

Cette *Euphorbiacée*, qui rend tant de services dans diverses régions intertropicales, produit en Algérie de très-gros tubercules féculents, mais elle exige des parties chaudes et saines et craint l'humidité de l'hiver.

D'autres racines ou tubercules alimentaires peuvent être l'objet de cultures spéciales, dans les parties chaudes surtout, avec des soins tout particuliers.

Maranta arundinacea Lin. Am. Austr. Arrow-root.

Zingiber officinale Rox. Indes or. Gingembre officinal.

— **Zerumbet** Rox. Indes or. Gingembre Safran.

Ensuite des Oxalis (Oxalis crenata), Stachys affinis, etc.

III

CULTURE MARAICHÈRE

————

L'extension du périmètre de l'irrigation assure chaque jour une place plus importante à la culture des plantes potagères ou légumières, surtout aux environs des grands centres. Depuis peu d'années on voit, sur les lignes de chemins de fer, certaines localités se livrer à ces cultures intensives au dernier degré qui rappellent absolument les Huertas de l'Espagne.

Tous les légumes connus en France se rencontrent dans le jardin maraîcher algérien, et leur production, hâtive ou tardive, varie avec les zones climatériques. Cette culture développée à Oran, Philippeville et Bône, atteint son maximum d'intensité aux environs d'Alger dont les marais peuvent être pris comme type d'une excellente exploitation. Les jardins s'étendent principalement à l'est de la ville, dans la grande baie terminée par le cap Matifou où l'on rencontre Hussein-Dey, Maison-Carrée, Fort-de-l'Eau, Aïn-Taya, etc... Les Mahonnais ont presque le monopole de cette production pour laquelle ils manifestent des aptitudes spéciales de nature à les faire comparer, sans désavantage, aux bons maraîchers des environs de Paris, tant sont bien compris l'entretien du sol et les successions ininterrompues des cultures.

Souvent, sur une surface de moins d'un hectare arrosé, le Mahonnais vit avec sa famille et ses ouvriers. Le matériel est simple : il se compose d'une noria avec son bassin de réserve, d'une modeste habitation et souvent d'un hangar pour la voiture et les bêtes. Il n'est pas rare de voir louer un terrain de cette nature 1.000 à 1.200 fr. par an.

Les légumes communs et de productions constantes, même en hiver, sont ceux connus de tous, choux, choufleurs, salades diverses, carottes, haricots et pois, etc , etc.... .

Les artichauts se cultivent en plein champ ordinairement disposés pour l'irrigation ; la pomme de terre d'hiver se fait sur d'assez vastes espaces, et quant à la récolte d'été elle supporte aisément l'irrigation, ainsi que cela se pratique dans les plaines d'Oran. Pendant l'été, courges et courgettes, pastèques et melons divers, cultivés en champs irrigués, se rencontrent sur les marchés amoncelés en immenses pyramides.

Du printemps à l'automne, la tomate crue ou cuite est la base de l'alimentation d'une grande partie de la population ; cette culture bien comprise, s'avance même jusque dans la saison d'hiver et quelquefois des produits de premier printemps acquèrent une certaine valeur.

L'amélioration des variétés légumières, comme qualité et précocité, est une question des plus importantes de cette division horticole car, malgré les résultats acquis, l'essai de nouvelles et meilleures races s'impose encore.

Les plantes exotiques sont peu nombreuses ou mal connues en exploitation maraîchère.

Le Gombo, *Hibiscus esculentus* Lin. Antilles, dont les capsules à maturité incomplète sont comestibles, n'est recherché que par les Arabes et les Espagnols.

Les Doliques, *Dolichos unguiculatus* L. Dolique mongette, et *Dolichos sesquipedalis* L , Dolique asperge, à longue cosse, ne sont récoltées que dans des cas exceptionnels.

Le Haricot de Lima, *Phaseolus limatus* L., est rare dans les cultures ; cette fève créole, très estimée dans les pays chauds, est pourtant dans la zone chaude de l'Algérie une des meilleures graines farineuses.

Grimpant sur les tonnelles, les arbres ou les murailles, une Cucurbitacée mexicaine produit abondamment un gros fruit comestible, du volume d'une forte poire, c'est la Chayotte, *Sechium edule* Schw.

IV

CULTURE MARAICHÈRE DITE DE PRIMEURS.

Cette exploitation a pour but presque unique l'exportation sur la France quand celle-ci se trouve aux prises avec les froids de l'hiver et que les cultures forcées, en serre et sous châssis, ne sont pas encore arrivées au terme de leur maturation.

La saison favorable de vente, en Algérie, est comprise entre le 15 décembre et la fin de mars : tous les efforts sont tendus pour arriver dans cette période.

Le littoral, souvent le rivage même ou mieux la ligne la plus rapprochée de la mer, est le véritable milieu de production hàtive : là, les abaissements de température sont peu à craindre, les terres sont légères, l'irrigation assurée, les fumures possibles aux environs des grands centres et l'exploitation à peu de distance des ports d'embarquement d'où partent des services quotidiens.

Deux articles principaux visent l'exportation du 15 décembre à fin janvier : les *Haricots* et les *Petits pois*.

Le *Haricot vert* est délicat : il craint le froid, aussi chaque pied, dans un sol bien fumé, a pour la nuit et les jours de pluie un petit abri mobile pour garantir ce jeune et tendre légume contre les intempéries.

La principale variété est le *Haricot noir de Belgique*.

Le *Petit pois*, plus rustique, brave assez les intempéries ordinaires mais craint les chutes d'eau dans lesquelles se trouvent quelques grêlons de nature à tacher la cosse.

La saison du *Petit pois* se prolonge assez tard. Une zone plus écartée de la mer, en terrain sec, ordinairement en côteau bien exposé, produit cette légumineuse, mais comme elle arrive plus tardivement, elle est quelquefois d'une valeur inférieure. Quelquefois aussi des sécheresses sont nuisibles à cette primeur.

Les variétés usitées sont : *Prince Albert, Michaux,* etc.

Haricots verts et *Petits pois* s'emballent facilement dans des petites corbeilles faites en roseaux tressés.

Les *Artichauts* de primeurs sont ordinairement moins voisins de la mer : leur culture en plein champ s'étend sur de grandes étendues et des propriétaires en possèdent plusieurs hectares préparés pour fournir des produits à des époques déterminées, notamment de décembre à mars.

Les têtes d'*Artichaut* s'emballent dans de grandes corbeilles tressées avec des roseaux, ce qui permet une aération facile : ces *Artichauts* se vendent couramment dans le commerce parisien.

La principale variété est le *Violet hâtif de Provence*.

La *Pomme de terre* de primeurs est une des cultures importantes d'exportation : elle a pour but d'arriver en la première saison printannière de la France, c'est-à-dire pour le carême et les environs de Pâques, moment d'élévation des prix. Des expériences utiles sont encore à tenter pour déterminer la nature des races à cultiver : actuellement on emploie avec succès la *Quarantaine* et mieux la *Royale Kidney*.

Si les *Choufleurs*, à cause de la traversée, offrent quelques incertitudes de bonne arrivée, par contre les *Asperges*, dont les meilleures variétés peuvent être facilement obtenues, commencent à être connues sur les marchés de Paris vers le mois de février.

Les terres légères du littoral et les abondantes fumures très-possibles aux environs des villes assurent à ce produit un véritable succès.

Les *Fraises* ont une maturité hâtive mais elles voyagent mal et sont de consommation locale. De même pour les *Piments* et la *Tomate*, mais cette dernière culture n'a pas dit son dernier mot.

Des spécialistes, avec les bases d'appréciation qu'on possède déjà, trouveraient des applications avantageuses des ressources horticoles connues en culture forcée : la bande littoralienne offre des éléments de succès très-réels et des résultats très-rapides à constater.

Cette culture maraîchère emploie une main d'œuvre nombreuse de trieurs, d'emballeurs et de vanniers.

V

PLANTES FOURRAGÈRES

Une grande section des plantes fourragères destinées à l'entretien du bétail en stabulation demande une culture soignée, puis l'aide de l'irrigation : c'est principalement aux environs des grands centres que ces cultures spéciales sont appelées à se développer.

Les Graminées se prêtent aux rendements économiques exigés dans ce cas.

Zea Maïs Lin. Amérique.

Les Maïs fourragers ne peuvent être livrés au hasard de la grande culture : des soins constants de buttage, d'écimage et d'irrigation sont nécessaires à l'obtention d'un grand rendement.

Les Maïs *Caragua* donnent jusqu'à 80.000 et 100.000 kilos de vert à l'hectare.

Le Maïs *Perle* qui est plus nain et talle beaucoup est une race qui, étant irriguée, produit la plus grande quantité de feuilles.

Quelques Maïs sont également recommandables : *large feuille de la Breille, Sucrin d'Amérique, Improwed King* très-hâtif, etc., etc.

Sorghum. Le genre Sorgho.

Le Sorgho, comme plante fourragère, est certainement d'une valeur alimentaire inférieure au Maïs, cependant cette Graminée présente, dans ses diverses espèces ou variétés, des fourrages qui se signalent tout aussi bien par l'abondance de leur production que par une grande rusticité, sans exiger des irrigations par trop répétées.

Le nombre des espèces ou variétés de Sorgho est assez considérable, mais quelques unes commencent à être connues par leurs qualités.

Ces grandes Graminées estivales peuvent donner quatre ou cinq coupes successives dont la totalisation est voisine de 200.000 kilos. Ce rendement est dû au tallage très-prononcé des espèces arrosées dont les principales sont :

Les Sorghos dits *sucrés* du *Minnesota*, très-touffus, repoussent du pied, sont hâtifs et à feuilles restant vertes jusqu'au commencement de l'hiver.

Le *gros* du *Sénégal* qui atteint 4 à 5 mètres de haut est le plus chargé d'éléments foliacés.

Les arabes et surtout les kabyles cultivent, sous les noms de *Doura* et de *Bechena*, différents Sorghos dont ils utilisent les grains comme matière alimentaire.

Quelques autres Graminées fourragères dont l'horticulture a assuré la multiplication et qui sont l'objet de tentatives suivies, commencent à dessiner leur rôle utilitaire.

Parmi ces dernières il faut citer les espèces *vivaces*.

En effet, la pérennité est avant tout une condition économique de la plus haute importance en ce sens que la plante n'exige pas, chaque année, les frais de préparation de sol et de culture indispensables aux végétations annuelles.

Gymnothrix latifolia Schult.

Cette sorte de *Saccharum* à végétation absolument estivale est une graminée de Montévidéo. Elle pousse en touffe compacte, subissant aisément plusieurs coupes et végétant rapidement sur le littoral dans les basses terres. Le bétail en est friand.

Bromus inermis Lin. Asie.

Ce Brome atteint la hauteur d'une petite avoine. Sa végétation est serrée, composée de feuilles tendres et de nombreux épillets. Les coupes successives sont bien supportées. Ce rustique gramen peut pénétrer aisément dans l'intérieur du pays sans y craindre la rigueur du climat des Hauts-Plateaux.

La Graminée qui pourrait rendre les plus grands services dans cette section des productions fourragères, des terres chaudes et arrosées, c'est la *Canne à sucre*.

Saccharum officinarum Lin. Indes Or. et Occ.

La Canne à sucre a de nombreuses variétés. Plusieurs se développent bien dans les plaines du littoral.

Canne à sucre blonde.
    —   **de Taïti.**
    —   **violette.**
    —   **rubanée violette.**

Cependant la Canne à sucre dite *Petite verte de l'Inde* est une variété à haute végétation, touffue et très compacte, supportant de nombreuses coupes successives, et cela sans altération de la souche pendant des années. La totalité du rendement pourrait être évaluée à 300.000 kilos de vert à l'hectare.

Les *Coïx* et le *Reana luxurians* sont de hautes Graminées mais annuelles et d'un tempérament sensible.

La famille des Chénopodées fournit pour l'alimentation du bétail une racine précieuse :

Beta vulgaris L. Europe Méridionale.

Dans les terres bien préparées et avec des arrosements d'été, la Betterave donne en feuilles et racines un poids utilisable d'environ 100.000 kil. à l'hectare ; avec la Betterave *Mammouth* il n'est pas rare de dépasser ce rendement.

Les Betteraves *Tankard doré, Jaune des Barres, Prix du Berschire*, etc., sont productives sous notre climat. L'analyse des betteraves algériennes a été faite par M. Bernou.

Mais c'est principalement dans la famille des Crucifères que se rencontrent des espèces fourragères des plus variées, Navet et Navet turnep et quelques Choux.

Dans les cultures bien soignées des jardins des environs

des fermes, les Choux cavaliers et toute cette série des Choux-arbres ont une excellente végétation.

Les Choux *moelliers* blancs et rouges, en cultures disposées pour l'irrigation, peuvent donner toute l'année, hiver comme été, un abondant feuillage dont le poids varie entre 80 à 100.000 kil. à l'hectare.

Les Choux *mille-têtes* ont des rendements analogues.

En résumé, il y a pour l'horticulteur, dans cette intéressante division des plantes fourragères à gros rendements, encore bien des espèces à essayer et bien des résultats à obtenir, succès faciles en raison des éléments de végétation naturelle qui se trouvent répartis dans toutes les zones du pays.

On peut dire que le succès des vacheries aux environs des grands centres dépend absolument de ces cultures qui commencent à être connues des intéressés.

On a cité comme pouvant rendre des services comme végétaux fourragers, quelques arbustes dont les branchages seraient utilisables, mais l'expérience ne s'est pas encore prononcée.

Cytisus proliferus Lin. fils. Canaries. Tagasaste.

Acacia leucocephala Berter. Porto-Ricco.

et un groupe d'Halophytes de l'Australie connu sous le nom de *Salt Bush* (Chenopodées).

VI

ARBORICULTURE FORESTIÈRE

I

ARBRES EXOTIQUES DE RÉGIONS CHAUDES ET TEMPÉRÉES

Depuis une vingtaine d'années, les arbres empruntés à ces régions ont joué un rôle utilitaire, notamment dans la zone littoralienne, et ce résultat intéressant est dû aux expérimentations faites au Jardin d'Essai d'Alger. Pour border les rues des villes, pour créer des plantations régulières dans nos squares, jardins, parcs, avenues et places publiques, souvent même sur les routes aux environs des grandes villes, on a eu recours à ces plantes exotiques qui, en dehors de leur cachet particulier de végétation, ont encore le double avantage de la rusticité et de la persistance d'un feuillage agréable aux yeux, toutes qualités que ne présentaient certainement pas les arbres indigènes à feuilles caduques de la France ou de l'Algérie.

Parmi ces arborescents, il convient de citer la première section.

II

FEUILLAGES PERSISTANTS

Les Ficus occupent la première place.

Ficus nitida Thunb. Indes or.

— **lævigata** Wahl. Iles Caraïbes.

Ces deux espèces sont à petites feuilles vertes, sombres ou luisantes, formant des arbres à tête naturellement sphérique et compacte s'élevant sur un tronc droit.

Les *Ficus Roxburghii* Roxb. de l'Inde et quelquefois le *Ficus glumacea* Hort. sont deux espèces voisines à larges feuilles. On peut les élever sur tronc droit. A un certain âge tombent des branches ou du tronc lui-même des faisceaux de racines adventives du plus curieux effet.

Ficus sycomorus Lin. Egypte.

d'un aspect un peu sombre, résiste bien aux sécheresses.

Deux autres espèces pourraient, dans certains cas, être employées concurremment avec les *Ficus lævigata* et *nitida*, ce sont :

Ficus rubiginosa Desf. Nouv.-Hollande.

— **populifolia** Wahl. Arabie.

Les Citharexylon, de la famille des Verbénacées, offrent une série de sujets propres à former de très-beaux arbres à feuilles d'une belle couleur verte, à nervure rougeàtre, et à panicules en épis composées de très-odorantes petites fleurs blanches.

Citharexylon caudatum Lin. Jamaïque.

— **cinereum** Lin. Brésil.

— **lucidum** Chamiss. Mexique.

— **villosum** Jacq. Antilles.

— **quadrangulare** Jacq. Guadeloupe.

Cette dernière espèce est la plus employée.
Le bois est beau, le grain est fin, mais il est cassant. Ce groupe convient donc moins aux plantations d'alignement que les Ficus.

Une Térébinthacée du Pérou et du Brésil, le Faux-Poivrier, *Schinus molle*, Lam., est un arbre à rameaux pendants et effilés comme ceux du Saule pleureur. Ses fruits rouges, chez les sujets femelles, ont une odeur pénétrante de poivre. Sa grande rusticité fait que cette essence est précieuse pour border les routes sèches et poudreuses.

Les arborescents australiens offrent peu de sujets propres à complanter les routes et les avenues, et les grandes *Myrtacées* connues se prêtent peu à ce rôle. En effet, sont ordinairement de mauvaise tenue les *Eucalyptus globulus, rostrata* et *colossea* qui sont pourtant les trois meilleurs types pour cet usage.
Une Protéacée australienne réussit assez bien dans les avenues des parcs ou dans les quinconces soignés, c'est le *Grevillea robusta* R. B., dont le bois a déjà des qualités véritablement industrielles en Algérie.

III

ARBRES D'ORNEMENT

————

La série des grands arborescents employés dans nos parcs et jardins à la formation des bosquets et des massifs ombreux, de natures diverses, comprend beaucoup d'éspèces.

Parmi ces végétaux qu'on peut remarquer dans tout leur développement, il faut citer les suivants qui caractérisent bien la large hospitalité offerte par le climat algérien à une foule de ces grands hôtes.

Les Sterculiacées, représentées par des arbres de fortes dimensions: *Sterculia heterophylla*. Beauv. Owaria.

Le *Sterculia platanifolia* Lin. Chine, est un grand arbre qui n'aime que les bonnes terres des jardins.

Les Sterculiacées-Bombacées à très grands et rapides développements, sont des espèces pleines d'originalités par leurs troncs épineux et leurs curieuses floraisons:

Chorisia speciosa S. Hil. Brésil.
Eriodendron phæosanthum Denc. Patric inconnue.

Le genre Ficus avec ses représentants à larges cimes sur des troncs géants :

Ficus laurifolia Lam. Indes-Occ.
— **racemosa** Lin. Indes Or.
— **capensis** Thunb. Afr. Austr.
— **Botteri** Hort.

Et toutes les autres espèces dont le tronc disparaît sous les faisceaux de racines aériennes qui descendent des branches pour venir rejoindre le sol.

De jolis arbres, sinon par leur grandeur, du moins par l'éclat du feuillage ou de la floraison, se signalent d'eux-mêmes.

Une Légumineuse du Mexique, à petites feuilles d'un vert très-gai, à panicule jaunâtre, à grandes siliques rouges, c'est le *Coulteria tinctoria* H. B.

Une Bignoniacée du Brésil, à feuilles découpées comme celles des Fougères ou des Mimosées, constitue un très-bel arborescent d'aspect féerique quand il se couvre, au commencement de l'été, d'un nuage de fleurs bleues qui durent de 40 à 50 jours, tel est le *Jacaranda mimosæfolia* Don.

Un groupe d'arborescents de la famille des légumineuses se distingue encore par le développement gigantesque de quelques sujets aussi bien que par la beauté de ses floraisons, c'est le genre *Erythrina*.

Erythrina crista-galli Lin. Austr. Brésil.
— **caffra** Thunb. Cap.
— **Corallodendron** Lin. Iles Caraïbes.
— **umbrosa** H. B. Am. Austr.
— **velutina** Willd. Caracas

Si de tels développements sont inconnus dans l'horticulture européenne on ne peut, non plus, se faire une idée exacte de la magnificence de floraison de ces végétaux en diverses saisons.

Les quelques noms de cette liste résumée suffisent pour bien préciser le caractère de la floraison arborescente exotique qui peut s'adapter au climat algérien voisin du rivage.

Pour bien faire comprendre que leur venue n'est pas le résultat d'habiletés horticoles, il faut ajouter que ces végétaux sont obtenus à l'air libre dans les pépinières, soit de graines, soit de boutures.

IV

FEUILLES CADUQUES

ARBRES DES RÉGIONS MOINS TEMPÉRÉES ET FROIDES

Les grands arbres d'alignement à feuilles caduques empruntés aux régions exotiques sont peu nombreux et moins intéressants ; ils appartiennent ordinairement aux régions moins tempérées et peuvent alors rendre quelques services dans les parties montagneuses ou dans les Hauts-Plateaux.

Les Féviers paraissent réussir dans ces localités, notamment :

Gleditschia caspica Desf. Mer Caspienne.

—   **inermis** Hort.

—   **sinensis** Lam. Chine.

Et une autre Légumineuse, le *Sophora Japonica* Lin. Japon qui, dans certains cas, peut remplacer le *Robinia pseudo-acacia* Lin. Virginie.

Les arbres à feuilles caduques connus dans les pépinières françaises ont un intérêt moins marqué quoi qu'ils rendent des services dans les contrées élevées. Cependant la rusticité de quelques-uns est telle que du littoral au Sahara ils trouvent leur emploi.

Les Platanes, dans les endroits frais du littoral, sont des arbres de première grandeur.

Les Frènes, à certaines altitudes, donnent de beaux ombrages, ainsi que les Ormes, Micocouliers, Erables qui se plaisent dans les mêmes conditions. Muriers, Peupliers, Noyers noirs, etc., sont beaux dans les plaines. Le Robinier et l'Ailante, sans être très-forts, résistent dans les terrains secs.

La famille des *Bignoniacées* renferme le plus grand nombre d'espèces remarquables par leur puissant développement. Quelques-unes enlacent de leurs mille bras de gigantesques palmiers, d'autres étouffent sous leurs masses de feuillages et des thyrses de fleurs les plus gros arborescents.

Amphilophium Mutisii H. B. Nouv. Grenade.

Bignonia capreolata Lin. Am. sept.

— **speciosa** Hook. Buenos-Ayres.

— **Twediana**.

— **unguis** Lin. Indes occ.

Ces deux dernières Bignoniacées se couvrent de fleurs d'un jaune d'or.

Haplolophium echinatum.

Tecoma jasminoïdes G. Don. Nouv.-Hollande.

— **venusta** Ker. Brésil.

L'espèce la plus remarquable par son développement et sa constante floraison rouge pourpre est certainement le

Phædranthus Lindleyanus.

Dans les Bignoniacées, en dehors de ces grimpants, il y a des espèces sarmenteuses, dans le genre *Tecoma* surtout.

Tecoma capensis G. Don. Cap.

— **grandiflora** Jacq. Amér. Austr.

Les *Passiflorées* ont des développements moindres que les Bignoniacées, mais leur végétation très-rapide s'étend sur les tonnelles ou pend des murailles en guirlandes fleuries.

Passiflora quadrangularis L. Pérou.

— **cœrulea** Lin. Brésil.

— **filamentosa** Cav. Amér. mérid.

— **racemosa** Brot. Brésil.

— **laurifolia** Lin. Amér. mérid.

Le genre *Tacsonia* se distingue par la diversité de coloration de ses fleurs.

Les *Jasminées* constituent aussi des lianes à feuillages verts et à fleurs odorantes : elles sont souvent sous forme de buissons très-sarmenteux.

Jasminum azoricum Lin. Madère.
— **flexile** Wahl. Indes or.
— **grandiflorum** Lin. Indes or.
— **mauritanicum**.
— **officinale** Lin. Chine.
— **undulatum** Willd. Chine.

La famille des *Convolvulacées* apporte un contingent considérable d'espèces annuelles et ligneuses.

Toutes les Convolvulacées annuelles poussent et fleurissent en un laps de temps très-court et d'autres, de nature vivace et essentiellement ligneuse, se développent avec une égale rapidité.

Le groupe des *Ipomées* contient :

Ipomœa Learii Lindl. Amér. mérid.

Pharbitis Learii Hook. Mexique.

Ipomœa digitata Lin. Antilles.
— **panduræformis** Chois. Cochinchine.

La plante la plus remarquable de cette famille par son feuillage est

Argyreia argentea Chois. Indes or.

Les *Apocynées* et les *Asclépiadées* fournissent bon nombre de plantes à tiges flexibles ou sarmenteuses, ou en forme de lianes. Ces plantes ont souvent des floraisons abondantes et odorantes.

Dans les *Apocynées* :

Rhynchospermum jasminoïdes Ldl. Chine.

Mandevillea suaveolens Lindl. Buenos-Ayres.

Dans les *Asclépiadées* :

Physianthus albens Mart. Brésil.

Cryptostegia grandiflora R. Br. Indes or.

Dans les plantes fortement sarmenteuses, à puissante végétation et appartenant à diverses familles peu représentées dans cette section, on doit citer :

Oxera pulchella Labill. Nouv.-Calédonie.

Rameaux flexibles chargés au printemps de paquets de fleurs d'une extrême blancheur.

Buddleya madagascariensis Lamk.

Scrophulariée à croissance très-rapide, formant un buisson de rameaux sarmenteux établissant d'eux-mêmes de véritables berceaux ou tonnelles.

Deeringia celosioïdes R. Br. Nouv.-Hollande.

Amarantacée lançant de longs jets très-verdoyants.

Guilandina glabra Will. Am. Austr.

Légumineuse à feuillage très-vert, s'élançant en mille bras qui enserrent les arbres les plus gros.

Enfin, parmi ces grandes végétations, il ne convient point d'oublier les Rosiers grimpants et coureurs dont on trouvera l'énumération dans un chapitre particulier, car ce genre a une grande importance en horticulture algérienne où son rôle était nié autrefois par les cultivateurs de la France.

Un groupe de grimpants peut également vivre et prospérer dans les parties montagneuses et dans la région des gelées. On retrouve alors une foule de plantes du centre et même du nord de la France.

Le genre *Clematis* avec toutes ses nouvelles variétés.

Les Cissus ou vigne-vierge, notamment le *Cissus Roylei* Hort. Népaul, qui se cramponne aux murailles, puis les grimpants ou sarmenteux connus de tous, les *Glycines* diverses, les *Cobœa*, les nombreux *Chèvrefeuilles* les *Lathyrus*, les *Cucurbitacées*, les *Tropœolées* ou Capucines, le *Bignonia grandiflora* à bonne exposition, etc.

Deux grimpants sont d'un usage assez commun : *Dolichos lignosus*, et ce qu'on appelle vulgairement la Pomme de terre, *Boussingaultia baselloïdes* H. B. Quito, très-rustique par sa souche tuberculeuse.

III

PLANTES AQUATIQUES

Si les rivières, les lacs et les étangs d'eau douce sont rares en Algérie, on trouve néanmoins quelques pièces d'eau où les plantes aquatiques les plus variées et souvent inconnues en Europe se développent comme à l'état naturel.

Parmi les plus grandes végétations de ce monde palustre se remarquent d'abord les *Cypéracées*.

Cyperus Papyrus Lin. Egypte.

Ces souchets forment des touffes très-denses surmontées d'inflorescences en chevelure tremblottante à la moindre brise.

Avec le *Cyperus alternifolius* Lin. Madagascar, d'autres espèces ainsi que des *Juncées* et *Typhacées* spontanées ou communes en France poussent avec une égale vigueur.

Dans les espèces qui nagent à la surface de l'onde se trouvent d'abord des *Nymphœacées* les plus diverses, mais parmi lesquelles il faut citer :

Nymphæa rubra Roxb. Indes or.

— **cœrulea** Savign. Egypte.

Puis les :

Aponogeton distachyum Thunb. Cap.

Charmante petite plante qui embaume les rives du parfum échappé de leurs épis de fleurs blanches étalées sur l'onde comme un véritable tapis.

Les *Nelumbiées* élancent du fond des eaux d'abord leurs grandes feuilles peltiformes, puis de grandes floraisons aux couleurs éclatantes.

Nelumbium luteum Willd Caroline.

— **speciosum** D.C. Indes.

Puis les variétés :

N. speciosum rubrum fl. pl.

N. speciosum album fl. pl.

à fleurs presque pleines plus larges et plus brillantes de ton que les plus belles pivoines.

De fortes touffes de plantes diverses émergent également de la surface des eaux :

Pontederia cordata Lin. Virginie.

Sagittaria sinensis Hort. Chine.

Thalia dealbata Fras. Amér. sept.

L'horticulteur habile aura à exercer toutes les ressources de son art sur quelques difficultés de cultures aquatiques :

Victoria regia Lindl. Guyane.

Euryale ferox Salisb Indes or.

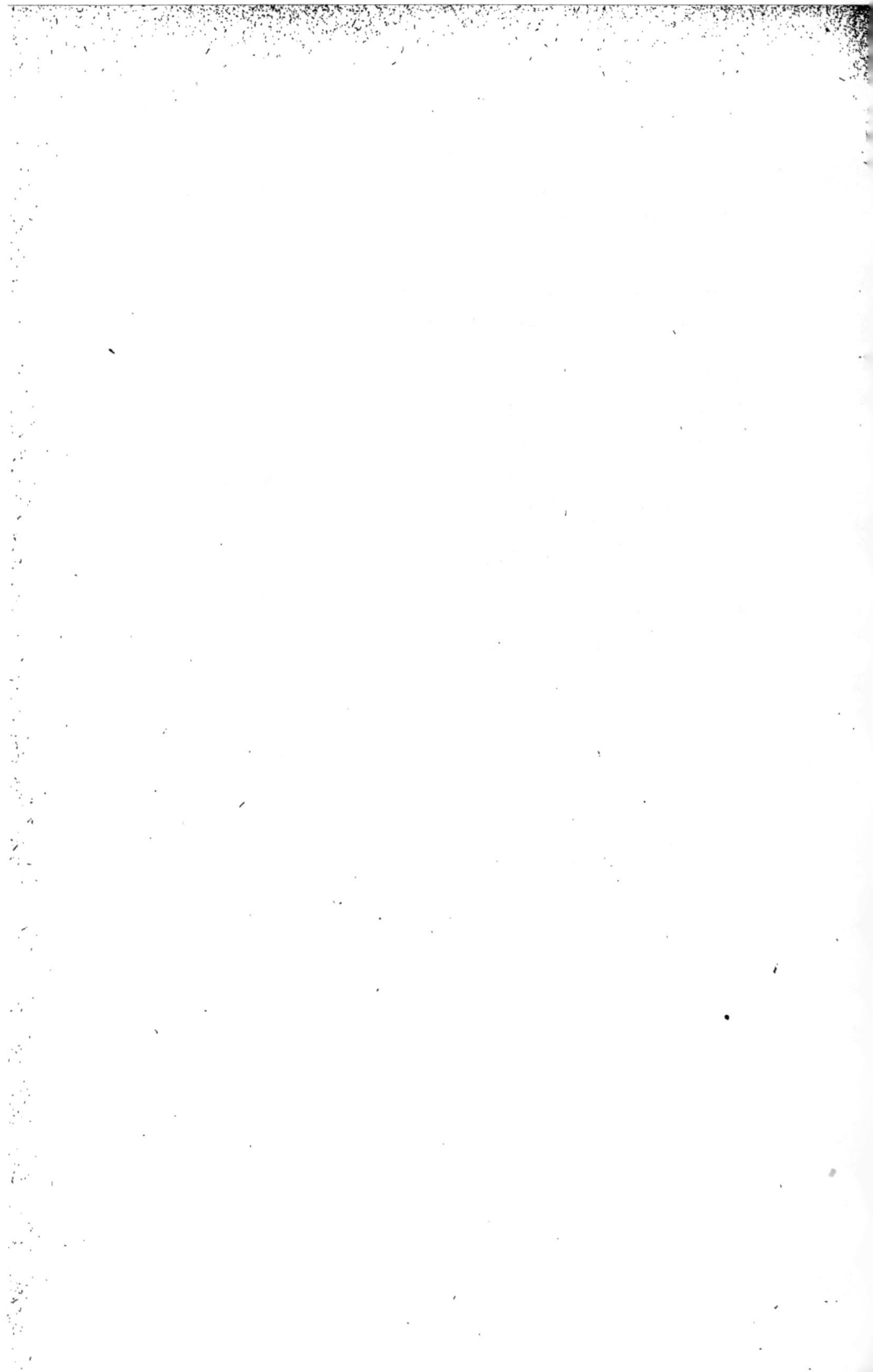

VIII

MATÉRIEL HORTICOLE, ENSEIGNEMENT

ET ÉTABLISSEMENTS

Le climat algérien dans ses avantages comme dans ses inconvénients exige, pour l'horticulture progressive, un matériel et des moyens d'action accessoires absolument en dehors des règles générales admises et usitées dans la vieille culture européenne, de la France notamment.

Les serres et les chàssis ont moins leur raison d'être qu'en Europe : la sérénité du ciel est assez grande sur le littoral pour n'avoir recours que bien rarement à la création de climats artificiels. Leur emploi est limité aux besoins des multiplications pour les zones tempérées, ou alors aux mêmes usages qu'en France dans les régions froides des Hauts-Plateaux où cette horticulture est encore loin d'être pratiquée.

Dans la zone chaude et tempérée les serres n'ont d'utilité que pour la culture de certaines sortes de plantes, Broméliacées, Fougères et Orchidées qu'elles protègent aussi bien contre les abaissements de la température que contre l'aridité du vent sec par certains jours d'été.

Les serruriers des grandes villes édifient ou montent facilement de simples serres dont les systèmes de chauffage sont construits par des artisans très-habiles dans l'art de travailler le cuivre.

Les abris jouent un rôle plus considérable que la serre. Ce système a pris naissance au Jardin d'Essai d'Alger et de là s'est rapidement répandu dans tout le midi de la France : il est absolument indispensable à la culture des plantes ornementales et de tous végétaux appelés à con. server le maximum de beauté.

Ces abris sont formés à l'aide de claies ; ces claies sont composées de lames de roseaux ou de bambous reliées par plusieurs lignes de fil de fer. Ces claies reposent sur des charpentes légères plus ou moins élevées au-dessus du sol ; elles protègent les végétaux contre les ardeurs du soleil pendant l'été, et pendant l'hiver contre les rayonnements nocturnes, les grands vents et surtout les grêles qui en quelques minutes hacheraient et perdraient tout une culture.

Ce système d'abris, exécuté mécaniquement, est préférable par son économie aux claies en lattes de sapin, aux treillis de jonc ou aux toiles. Les roseaux et les bambous se trouvent aisément en Algérie.

La céramique horticole n'est pas en retard. La poterie employée dans la pratique du jardinage est d'excellente qualité ; les pots bien tournés ont des dimensions gracieuses en même temps que très convenables à la culture des plantes. Les dimensions sont celles du pot belge amélioré, c'est-à-dire bien préférable au type à baquet : on peut ajouter que les expéditions de plantes algériennes ont amené la lente réforme de ces types de poterie dans l'horticulture française.

Le matériel hydraulique des jardins comprend les tuyaux et les chenaux en poterie servant à la distribution des eaux d'irrigation qui doivent être réparties sous un volume restreint.

Cette eau, dont l'action est si considérable dans la culture algérienne, est montée à de faibles profondeurs du sol au moyen d'un appareil très-simple connu sous le nom de noria mu par un cheval ou par la vapeur : ces machines élévatoires ainsi que les pompes à chapelet sont bien construites dans les ateliers des villes.

Les clôtures sèches en bois ou en fer, les divers procédés d'étiquetage, les matériaux d'emballage, caisses et paniers sont à la portée de tous dans chaque centre.

En résumé, ces multiples industries horticoles exigent déjà un nombreux personnel spécialiste qui contribue pour une très large part à l'augmentation du nombre des habitants des villes.

L'enseignement horticole préoccupe les masses et déjà

un recueil de divulgation, l'*Algérie agricole* renferme de nombreux documents sur l'horticulture du pays. Des herbiers, des plantes cultivées existent l'un à l'École des Sciences d'Alger, l'autre au Jardin d'Essai.

De grands établissements d'horticulture sont depuis longtemps créés sur tout le littoral principalement et ont largement contribué à la diffusion de tous les arbres de pépinières ; l'établissement de Miserghin près d'Oran, le Camp d'Erlon et d'autres à Boufarick, et notamment le Jardin d'Essai d'Alger, une des grandes créations de l'Horticulture française.

On sait que ce vaste domaine a une triple destination, de promenade publique, de jardin d'acclimatation et de pépinière de propagation. Non seulement ses cultures ont pour but un important commerce d'exportation en France où elles sont appréciées, mais encore ses pépinières envoient sur tous les points de l'Algérie de nombreux végétaux utiles. Son organisation est telle qu'en quelques mois 120.000 pieds d'Eucalyptus ont été préparés et expédiés à plusieurs centaines de kilomètres dans des wagons à étagères.

Les pépinières du service forestier, des Ponts-et-Chaussées, des communes mixtes concourent aux plantations des routes, des rues ou des places des villes et villages de l'intérieur.

IX

EXPORTATION DE PRODUITS VÉGÉTAUX

ANNÉE 1885

Marchandises exportées par les bureaux des principalités
des Douanes de l'Algérie

DÉSIGNATION des MARCHANDISES	PRINCIPALITÉS				TOTAUX
	Alger	Oran	Philippeville	Bône	
	kilogr.	kilogr.	kilogr.	kilogr.	kilogr.
Pommes de terre........	1.046.003	84.879	8 014	74 368	1.213.264
Citrons, oranges et leurs variétés.............	2.913.304	51.821	35.229	46.704	3.047.058
Fruits divers frais......	335.698	4.918	156.346	88.444	585.406
Fruits secs (amandes, raisins, figues, noix, etc.	1.041.711	131.646	4.524.289	16.213	5.713.859
Fruits confits..........	2.106	30	108.857	»	110.993
Olives................	11.547	396	5.405	90	17.438
Huiles d'olives........	684.850	31.079	1.443.077	13.137	2.172.143
Légumes verts........	2.091.944	10.528	48.724	48.225	5.199.421
Plants d'arbres........	124.919	3.308	18.890	101.896	249.013

ANNÉE 1886

Marchandises exportées par les bureaux des principalités
des Douanes de l'Algérie

DÉSIGNATION des MARCHANDISES	PRINCIPALITÉS				TOTAUX
	Alger	Oran	Philippeville	Bône	
	kilogr.	kilogr.	kilogr.	kilogr.	kilogr.
Pommes de terre.......	1.575.405	118.443	30.266	25.985	1.750.099
Citrons, oranges et leurs variétés	1.946.633	84.010	79.977	106.232	2.216.852
Fruits divers frais.......	542.714	123.165	204.897	47 094	1.247.870
Fruits secs (amandes, raisins, figues, noix, etc.	1.722.038	75.864	2.799.924	12.195	4.610.021
Fruits confits..........	2.229	545	75.011	55	77.840
Olives vertes..........	3.044	5.654	17.046	»	25.744
Huiles d'olives	698.797	17.881	1.804.968	10.452	2 532.098
Légumes verts........	2.471.474	17.339	12.815	7.580	2.509.208
Plants d'arbres........	139.667	4.659	8.335	108.774	261.435

ANNÉE 1887

Marchandises exportées par les bureaux des quatre principalités
des Douanes de l'Algérie

DÉSIGNATION des MARCHANDISES	PRINCIPALITÉS				TOTAUX
	Alger	Oran	Philippeville	Bône	
	kilogr.	kilogr.	kilogr.	kilogr.	kilogr.
Pommes de terre.......	1.940.444	266.411	513.892	62.640	2.783.387
Citrons, oranges et leurs variétés............	2.577.627	118.328	50.369	130.615	2.876.939
Fruits divers frais......	601.776	167.996	404.826	34.291	1.205.889
Fruits secs (amandes, raisins, figues, noix, etc.	2.553.324	482.998	2.603.383	33.762	5.673.464
Fruits confits..........	70	493	149.538	»	150.101
Olives vertes..........	268.950	2.670	»	74	271.694
Huiles d'olives.	458.950	5.205	4.164.306	19.531	4.642.992
Légumes verts........	633.000	19.035	76.337	14.379	742.751
Plants d'arbres........	133.602	4.250	178	643	138.673

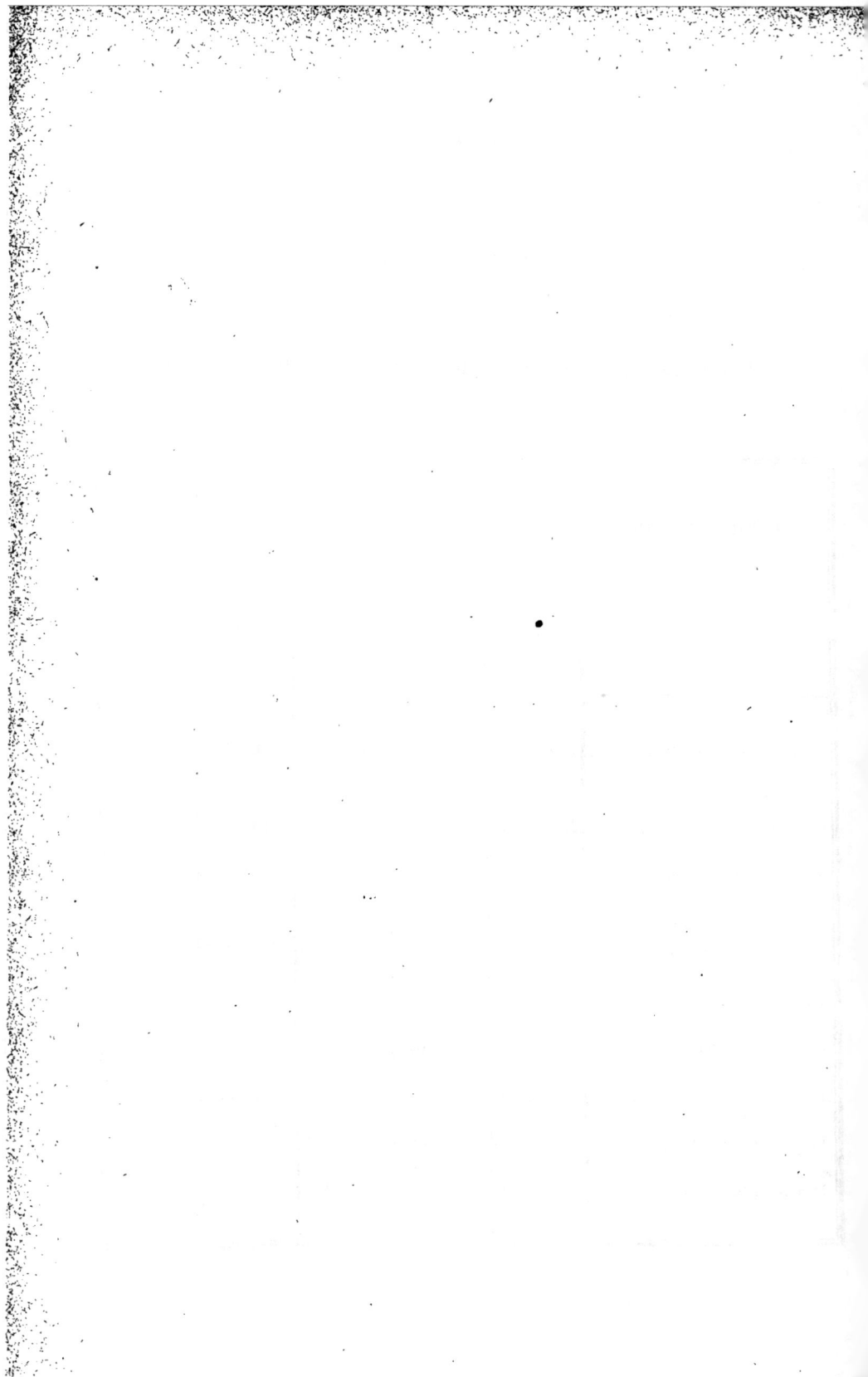

X

ÉTAT DE VÉGÉTATION

DES PRINCIPALES FAMILLES

L'énumération de quelques plantes empruntées aux familles les plus importantes est de nature à bien préciser leur caractère de végétation sous les différents climats de l'Algérie.

Ce travail, en raison du cadre restreint de cette notice, est forcément très-résumé et incomplet, cependant cette indication générale des principaux végétaux exotiques qui prospèrent et résistent dans des milieux différents démontre, en même temps que la richesse des espèces introduites, les particularités culturales afférentes à chaque région.

Pour bien déterminer les effets climatériques si variés en Algérie on a décrit, souvent par un simple terme ou un chiffre, la force de végétation du sujet et dans certains cas les groupes de plantes non résistants aux extrêmes de température.

L'ordre alphabétique plutôt que naturel a été a peu près suivi dans cet exposé des familles, sauf pour les principaux végétaux monocotylédones qui figurent en premier comme caractéristiques en acclimatation.

1

MONOCOTYLEDONES

I

PALMIERS

Dire quelles sont les espèces qui prospèrent sur le rivage algérien c'est faire connaître d'un trait de plume la clémence du climat, la puissance de végétation et la fécondité du sol. En effet, la famille des Palmiers caractérise bien cette force d'expansion vitale des zones inter tropicales qui leur imprime ce cachet pittoresque et grandiose inhérent aux pays du soleil.

Peu à peu le Palmier, ce roi des végétaux, s'étend dans la bande maritime de l'Algérie en donnant à ses jardins et à ses paysages de vagues souvenirs de ces régions exotiques peuplées de ses mille formes, depuis les plus humbles et les plus gracieuses jusqu'aux types aux stipes gigantesques qui bravent les violentes intempéries.

La géographie botanique trouve dans ce groupement des Palmiers sur le territoire algérien d'utiles enseignements et la botanique et l'horticulture de la France y ont des éléments d'études incomparables.

Les principaux Palmiers de nature rustique qui ont un complet développement sur le littoral, qui y montrent leurs

VII

FLORICULTURE

La floriculture des jardins trouve dans la variété des arbustes et arbrisseaux un grand élément d'embellissement. Dans la zone maritime on compose plutôt des massifs fleuris que des parterres et l'on a, effectivement pour ce premier emploi, cette diversité de végétaux énumérés en partie dans l'exposé des principales familles qui ont leur place marquée dans les plantations de luxe.

Il suffit de rappeler les *Acacia-Mimosa* dont les inflorescences sphériques ou en châton se vendent en gracieux branchages sur nos marchés et qui souvent s'expédient en France ; les *Habrothamnus, Cestrum, Abutilon, Jasminum, Sparmannia, Bignonia,* etc.

Les plantes dites annuelles peuvent prospérer dans certaines régions, mais leur floraison s'arrête à la saison chaude.

Cependant quelques petites plantes des parterres fleurissent bien et longtemps : *Petunia* résistant à la sécheresse, *Pervenches* de Madagascar, *Dahlia* simples et doubles, etc.

Les végétaux à bulbes et rhizomes forment, l'hiver et au premier printemps, des corbeilles éclatantes par leurs coloris : *Anémones, Renoncules, Jacinthes, Glayeuls, Sparaxis,* etc., mais surtout des *Narcisses* simples, doubles et odorants. Pendant l'été les *Canna, Amaryllis, Crinum,* etc., sont en pleine floraison.

Avec les ressources de la flore exotique les bouquets

sont souvent d'une composition et d'une beauté incomparables : l'hiver on a des *Roses,* des *Liliacées,* des *Mimosa*
et des *Strelitzia,* sans oublier ces masses de *Violettes*
embaumées. L'été, le bouquet est peut-être encore plus
splendide et plus séduisant quand se trouvent mélangés
avec art, les larges corolles des *Magnolia* blancs, les
Nelumbium roses et les ombelles bleues des *Agapanthes*
entourées d'une couronne de verdure de feuilles de
Jacaranda qui sont aussi finement découpées que celles
des Fougères.

Cependant, au milieu de toutes ces richesses de l'ornementation végétale, le Rosier mérite une mention
spéciale.

I

ROSIERS

———

Le genre *Rosa* avec ses variétés horticoles est, en Algérie, le plus beau type de la floriculture. Le Rosier embellit nos parterres par ses floraisons aux brillants épanouissements de formes et de couleurs à variations infinies accompagnées de parfums suaves et pénétrants. Souvent, en longues guirlandes, le Rosier abrite nos habitations contre les ardeurs du soleil et ses multiples entrelacements forment rapidement des tonnelles fleuries qui sont le charme des villas algériennes.

On avait longtemps pensé que le Rosier était l'apanage de l'horticulture des régions froides et légèrement tempérées et que la terre algérienne, notamment, convenait peu à ces hybridations, produits des grands centres civilisés. En admirant maintenant ces végétations et ces floraisons faciles on oublie les réels efforts qu'il fallut déployer pour implanter la Rose parmi la floriculture algérienne. Il y a une quinzaine d'années, de très-sérieuses discussions eurent lieu au sein de la Société d'Horticulture de France sur ce sujet, et, quoique les procès-verbaux aient atténué fortement les dires des rosiéristes les plus autorisés, on sent que dans leur pensée la question était définitivement jugée, c'est-à-dire que le Rosier ne pourrait vivre en Algérie.

Nos grands rosiéristes de la France qui monopolisaient cette lucrative spécialité n'avaient pas mis leur talent au service de notre climat. Une hérésie, bien excusable, leur faisait nous adresser annuellement des rosiers greffés sur *Eglantiers* dont l'existence est ici éphémère et il fallait nous borner, au grand avantage de ces cultivateurs, au renouvellement périodique de la plantation de rosiers qui fleurissaient dans une rapide agonie. Mais l'horticulture avait progressé dans notre colonie. Si l'*Eglantier* ne voulait pas quitter les latitudes septentrionales, le *Rosier*, sous notre climat favorable, pouvait se bouturer en pleine terre par certaines pratiques culturales, et mieux encore, se greffer sur un autre sujet. La greffe sur l'*Indica major* fut trouvée et ce type vigoureux, sous notre ciel algérien, communiqua aux greffons des variétés de la Métropole une puissance de développement qui permit de constater, dès l'année même, d'abondantes floraisons.

1er GROUPE

Rosa indica. Rosier thé.

Ce premier groupe se signale par quelques sujets à grande végétation sarmenteuse qui s'enroule dans les arbres, recouvre maisonnettes et murailles de feuillages et de fleurs, ou se laisse conduire en longs bras en forme de guirlandes dont les floraisons sont périodiques sur le littoral, mais qui s'affirment par des épanouissements bien marqués à la fin de l'automne et au printemps.

Ces grands Rosiers sont : *Thé Maréchal, Rêve d'or, Maréchal Niel, Belle Lyonnaise, Chromatella*, etc.

Les autres Thés remarquables par leur floraison sont : *Safrano, Solfatar, Sombreuil, Homère*, etc.

2e GROUPE

Rosa indica benghalensis.

Les Rosiers du Bengale se rencontrent à l'état de haies ou de massifs compacts ; ils sont connus par leur vigueur et leur facile floraison : *Bengale cramoisi supérieur, Tête de nègre, Louis-Philippe*, etc.

3e GROUPE

Rosa indica pumila ou **Lawrenceana.**

Ces petits Bengales nains sont employés comme bordures ou cultivés en pots ; ils sont très-florifères. Les principales variétés sont : *Gloire des Lawrenceana* et le *Pompon de Paris.*

Rosa Noisettiana. Rosier de noisette.

Ce groupe se plaît moins sur le littoral que tout l'ensemble du genre ; la région montagneuse lui conviendrait mieux, cependant il offre peu d'intérêt pour être l'objet de soins spéciaux.

Il se divise en plusieurs sections : longs rameaux, courts rameaux et Hybrides.

Rosa Borbonica. Rosier de Bourbon.

Ces rosiers sont très-recherchés dans les parterres de la zone littorienne où leur végétation est assurée. On y compte de vieilles roses connues de tous : *Louise Odier, Louise Margottin, Reine de l'Ile Bourbon, Mistress Bosanquet*, etc., etc., mais principalement deux types très-remarquables : *Souvenir de la Malmaison* et la *Gloire de Dijon* qui, en Algérie, est un rosier grimpant ou tout au moins un vigoureux arbuste sarmenteux.

On y rencontre de nombreuses variétés remontantes.

Rosa hybrida. Rosier hybride.

Les Rosiers remontants renferment les plus grandes variétés de formes et de coloris. Les collections algériennes ont réuni les plus beaux types qui, dans nos parterres, attirent l'attention par l'ampleur de leurs fleurs dont les richesses de ton sont inconnues en dehors du ciel lumineux de notre côte méditerranéenne. Les Rosiers *Paul Néron* et *La France* sont surtout à signaler au milieu des centaines de variétés qui composent ce groupe, le plus important et le plus intéressant du genre horticole.

7e GROUPE

Rosa sempervirens. Rosier toujours vert.

Rosiers sarmenteux et grimpants très-florifères.

8e GROUPE

Rosa multiflora. Rosier multiflore.

Rosiers sarmenteux et grimpants représentés par deux variétés très-vigoureuses : *De la Grifferaie* et *Laure Davoust*.

9e GROUPE

Rosa rubifolia. Rosier à feuilles de ronce.

Rosiers sarmenteux très-vigoureux ne craignant pas les altitudes.

10e GROUPE

Rosa Banksiæ ou **Rosier Banks.**

Ces rosiers forment, en Algérie, de grandes lianes arborescentes qui entourent les arbres. Deux variétés principales sont connues : *Banks à fleurs blanches et à fleurs jaunes.*

Un groupe de rosiers, très-anciennement connus, réussit moins bien en Algérie que les précédents, c'est la série des

Rosa centifolia. Rosier à cent feuilles.

Sa végétation est vigoureuse, mais sa floraison insuffisante au point de vue horticole. Cependant, les roses arabes qu'on retrouve dans certaines localités à l'état de gros buissons semblent appartenir à ce groupe et ont bien des rapports, quoique amoindris et effacés, avec les *R. centifolia* proprement dits et les *R. damascena*. Ce groupe fournit la véritable essence de rose avec une autre espèce, *Rosa moschata.*

Les Maures connaissaient plusieurs variétés de rosiers : leurs anciens auteurs parlent même des moyens d'obtenir la rose bleue.

La culture des rosiers s'étend aux environs des grandes villes : elle commence à constituer un commerce local appelé peut-être à s'étendre si l'expédition des roses fraîches peut avoir lieu sur Paris.

VÉGÉTAUX GRIMPANTS, SARMENTEUX
ET VOLUBILES

Ordinairement, les collections botaniques de l'Europe renferment peu d'espèces exotiques de cette série et l'horticulture s'occupe moins de ces plantes parce qu'elles sont d'une culture encombrante et trouvent moins d'emploi dans la généralité des usages. En Algérie, quelques espèces empruntées aux pays chauds accompagnent l'homme dans sa vie privée en lui donnant des abris contre les feux ardents du soleil, des tonnelles pleines d'ombre et en parant les murailles de ses habitations d'un revêtement de feuillages et de fleurs. La diversité de ces plantes rares qui peuvent prospérer sous notre climat est innombrable et présentent, en dehors de leur usage restreint à quelques genres, un ensemble botanique du plus haut intérêt.

La zone chaude littoralienne convient spécialement à ces espèces.

Le genre *Bougainvillea* tapisse de ses rameaux flexueux les façades ensoleillées et ces vigoureuses *Nyctaginées* se couvrent, pendant la saison hivernale, d'une parure éclatante, non due aux fleurs qui sont insignifiantes, mais aux bractées qui les accompagnent, bractées devenant colorées, suivant les espèces, en rose, violet, rouge brique, etc.

Bougainvillea brasiliensis Neuw. Pérou.
— **glabra** Choisy. Brésil.
— **spectabilis** Willd. Brésil.
— **fastuosa** Hreq. Brésil.

Un groupe de Palmiers

inflorescences et leurs fructifications fertiles sont énumé
rés dans la présente liste.

D'abord les Palmiers s'élevant sur de grands stipes
en forme de colonnes.

Oreodoxa regia Kth. Antilles

Palmito de Cuba ou *Palmier Royal* du Brésil, belle
colonne de 10 mètres de haut, à fût renflé à la base et sur
d'autres points, terminée par un faisceau de feuillage.

Les divers *Cocos*, brésiliens pour la plupart, et même
ceux des plaines chaudes ayant tous une dizaine de mètres de hauteur :

Cocos coronata Mart. Brésil.

— **flexuosa** Mart. Brésil.

— **lapidea** Gaert. Brésil,

— **botryophora** Mart. Brésil.

— **schizophylla** Mart. Brésil.

— **australis** Mart. Paraguay. Buenos-Ayres.

Au milieu de ces Cocotiers introduits en Algérie se
trouve une espèce tout aussi remarquable par sa beauté
que par sa rusticité, c'est le *Cocos datil* Hort. — avec ses
deux formes : *Cocos datil microcarpa* et *Cocos datil macrocarpa*.

Le genre *Phœnix* élève également dans les airs des stipes plus maigres, élancés, mais surmontés d'une cîme
formée de feuilles réclinées : il comprend beaucoup
d'espèces en dehors du *Phœnix dactylifera* et de ses
nombreuses variétés indigènes.

Phœnix pumila Aubl. Gabon.

— **leonensis** Lodd. Sierra Leone.

— **senegalensis** Thonn. Sénégal.

— **spinosa** Thonn.

— **reclinata** Jacq. Afr. austr.

Puis les types gigantesques des *Phœnix tenuis* Hort.—
et *Canariensis* Hort.

Quelques autres genres à stipes élancés sont également remarquables.

Le *Phœnix tenuis* est une des meilleures acquisitions dans ce groupe des Palmiers. Sa croissance est rapide et sa rusticité dépasse celle du Dattier. Ses fortes dimensions le font considérer comme le plus beau type du genre. En effet, des *Phœnix tenuis* actuellement de vingt ans d'âge ont 12 mètres de haut avec 5 mètres de stipe dont le diamètre est d'un mètre. La couronne de feuilles est composée de 80 palmes, et cette tête qui a 10-12 mètres de diamètre, porte de 15 à 18 lourds régimes pendants au milieu des palmes.

Ce fort Palmier ne craint pas le vent de mer : il se plait dans les oasis où il pourrait former des ceintures de verdure impénétrables aux vents desséchants ; cependant il conviendrait de connaître si des hybridations ne seraient pas de nature à nuire à la qualité des dattes ou si, par contre, un heureux hybride ne pourrait pas en être obtenu.

Le genre *Thrinax*, qu'on s'étonne réellement de voir vivre à une latitude aussi avancée vers le Nord, renferme :

Thrinax aurea Hort.

— **graminifolia** Hort.

— **radiata** Lodd. Iles de la Trinité.

— **tunicata** Hort,

— **argentea** Lodd. Jamaïque.

Le genre *Brahea*, comprend *Brahea dulcis*, Mart., Pérou et *Brahea conduplicata* Hort., sur un stipe grêle de 10 mètres de haut.

Parmi les *Sabal*, d'élongation plus lente mais de proportions qui seront gigantesques, se remarquent déjà :

Sabal Blackburniana Kirkl. Antilles. Cuba.

— **umbraculifera** Mart.

— **Ghiesbregti** Hort.

— **Havanensis** Lodd. Havane.

— **princeps** Hort.

— **longipedunculata** Hort.

Espèces à stipes déjà formés, souvent gros comme le

corps d'un homme et portant à leur sommet, vers 6 ou 7 mètres de haut, une masse de feuilles flabelliformes.

Les *Caryota*, en partie de l'Asie orientale, n'ont pas une végétation moindre :

Caryota excelsa Hort

    Cuminghi Lodd. Singapour.

— **urens** Lin. Ind. or. Moluques.

— **furfuracea** Blum. Java.

— **sobolifera** Wall. Ile de France.

La tribu des *Livistonées* se signale par la vigueur de quelques-uns de ses sujets, assez rustiques pour vivre sans soins particuliers et se couvrant d'abondantes fructifications :

Latania borbonica Lam. Ile Madagascar.
Corypha australis R. Br. Nouv-Hollande.

Un Palmier se remarque par ses dimensions prodigieuses : c'est le *Jubæa spectabilis* Humb et Kth., des hautes contrées de la Cordillière du Chili. Des sujets ont de 8 à 10 mètres de haut avec un diamètre de 1 mètre à 1 m. 30 cent.

Quelques autres espèces à stipes élevés représentent encore la végétation des pays chauds :

Arenga saccharifera Labill. Iles Moluques.
Acrocomia sclerocarpa Mart. Brésil. Ind. occ.

D'autres Palmiers, de tailles moindres ou de développements encore incomplets en Algérie, concourent également à augmenter les nombreux représentants de cette famille :

Diplothemium maritimum. Mart. Brésil.

Sabal Adansoni Mart. Caroline. Géorgie.

Pritchardia pacifica Wendl. Iles Fidjii.

— **filifera.**

Quelques *Chamædorea*, parmi lesquels une espèce à fortes touffes d'aspect bambusiformes, *Chamædorea elatior* Mart., etc., etc.

Les nombreux *Chamærops* d'origines diverses sont de rusticité assez accentuée pour vivre dans les parties montagneuses beaucoup mieux que sur le littoral :

Chamærops excelsa Thumb. Du Nord de la Chine.

— **Birrho** Sieb.

— **Hystrix** Fras. Géorgie. Floride.

— **stauracantha** Wendl.

— **Martiana** Wall. Népaul.

Et enfin tout le groupe des *Chamærops humilis* de l'Algérie avec les formes ou variétés horticoles qui en sont issues.

Un type relativement nouveau commence à prendre une place parmi les Palmiers de pleine terre. Les *Kentiées*, originaires de l'Australie et de la Nouvelle Calédonie, fournissent déjà de bonnes espèces qui ornent nos localités abritées des vents et aussi du soleil :

Kentia Belmoreana F. Muller.

— **Canterburyana** id.

— **Forsteriana** id.

— **Mosoreana** id.

L'énumération complète des Palmiers rustiques en Algérie serait fort longue, mais on voit par les types signalés dans chaque groupe combien elle offre déjà d'intérêt. Cependant le climatologiste, l'horticulteur et l'amateur peuvent exercer leur talent en faisant vivre avec toutes les ressources de l'art cultural, certaines espèces considérées à première vue comme demi-rustiques, tels sont :

Areca aurea Van-Houtte. Iles Seychelles.

— **montana** Lodd. Am. austr.

— **crinita** Bory. Madagascar.

— **Verschaffelti** Hort.

— **rubra** Bory. Madagascar.

— **lutescens** Bory. Ind. occ. Iles Mascareignes.

Ainsi que le genre *Astrocaryum*, les *Latania rubra* et *Verschaffelti*, les *Calamus*, etc...

En résumé, d'une manière générale, les *Palmiers* épineux et les *Arecinées* sont de culture plus difficile, et avec eux sont absolument rebelles au climat les espèces typiques suivantes :

Cocos Weddelliana Wendl. Amazone.

 — **nucifera** Lin. Tropiques.

Phœnicophorium sechellarum Wendl. Iles Seychelles.

Elæis guineensis Lin. Guinée.

II

MUSACÉES

Les *Musacées* renferment quatre genres principaux dont quelques-uns sont largement représentés dans nos contrées chaudes et soumises à une constante irrigation.

Les larges feuillages, les fleurs originales et le cachet pittoresque de ces plantes rappellent au plus haut degré les formes tropicales. En dehors de leur aspect ornemental elles ont encore dans la nature un rôle utilitaire marqué en Algérie.

Le genre *Musa* a de nombreuses espèces vivant en pleine terre et qui ont été décrites aux matières alimentaires et textiles, mais il reste à citer en outre des *Musa sapientum, paradisiaca, sinensis, ornata*, et *Troglodyta-rum*, d'autres plantes intéressant l'horticulture et l'acclimatation :

Musa discolor Hort.

— **coccinea** Andr. Chine.

— **rosacea** Jacq. Iles Mascareignes. Inde.

— **Veitchi** ou **vittata** Hort.

— **Ensete** Gmelin. Abyssinie.

— **zebrina** Hort.

— **superba** Roxb. Ind. Or.

Le genre *Strelitzia*, originaire de l'Afrique australe, offre une série de plantes absolument rustiques douées d'une puissante végétation en fortes touffes très-ornementales.

Les grandes espèces qui élancent dans les airs de longs stipes sont :

Strelitzia augusta Thunb. Cap.

Avec des espèces ou variétés :

Strelitzia Nicolaï Hort.

— **alba** Hort.

Puis les petites espèces en touffes naines et cespiteuses qui pourraient bien n'avoir, botaniquement parlant, qu'un type unique

Strelitzia Reginæ Ait. Cap.

Si les autres espèces caractérisent la végétation tropicale par leur feuillage ornemental, la floraison de ces *Strelitzia* nains rappelle bien ces formes curieuses du monde végétal exotique : en effet, d'une touffe de feuilles souvent cultriformes poussent en gerbes, d'étranges inflorescences ailées et rostrées, sortes de colibris aux couleurs éclatantes.

Ces curieuses floraisons, prolongées et successives, s'épanouissent pendant 6 mois environ dans la saison la moins chaude du littoral.

Strelitzia Reginæ Ait. Cap.

—　　　　　— **macrophylla** Hort.

—　　　　　— **floribunda** Hort.

— **ovata** Don. Cap.

— **juncea** Andr. Cap.

— **humilis** Hort. Cap.

— **spatulata** Hort.

Le genre *Heliconia* de l'Amérique tropicale exige plus de soins.

Le genre *Ravenala* n'est représenté en Algérie que par une seule espèce :

Ravenala madagascariensis Poir.

C'est le plus beau type des Musacées par ses dimensions et sa disposition régulièrement distique s'étalant en gigantesque éventail.

La meilleure exposition et le bon abri des vents dominants permettent de cultiver cette plante qui est certainement une des beautés et une des curiosités végétales.

Le *Ravenala*, connu sous le nom d'arbre du voyageur, présente en Algérie, comme d'ailleurs les grands *Strelitzia*, ces réserves d'eau accumulées dans la base des pétioles.

III

AMARYLLIDÉES

Cette famille, très-voisine des *Liliacées*, représente en Algérie, une végétation à formes pittoresques par la grande diffusion du genre *Agave*.

Evidemment l'horticulture algérienne apprécie les belles floraisons des *Amaryllis*, des *Crinum*, des *Pancratium*, mais ces petites plantes disparaissent devant ces massives végétations d'Agaves aux feuilles crassulantes et aux hampes gigantesques.

On sait déjà que les *Agave americana* Lin. Am. Aust. et *mexicana* Lam. Mexique, la première surtout, est subspontanée en Algérie et y est connue par sa rusticité. Cependant, d'autres espèces, récemment introduites, sont déjà de remarquables exemples de végétation.

Parmi les grandes espèces :

Agave coccinea.
— **Salmiana** Hort. Mexique.
— — **latifolia** Hort.
— **ferox.**
— **Scolymus** Karw. Mexique.
— **Houlletiana** Hort.
— **Ixtly** Karw. Mexique.

Dans les espèces de dimensions moindres :

Agave applanata Hort.
— **macrantha nigrispina** Hort.
— **micracantha** Hort.
— **sobolifera** Salm. Dyck. Mexique.
— **angustifolia** Haw. Ile Ste-Hélène.

Enfin, dans les *Fourcroya*, les gigantesques *Fourcroya gigantea* Vent. Am. mérid. et *Fourcroya Delevanti*, etc.

Les espèces qui peuvent vivre à l'air libre dans la zone marine sont en, très-grand nombre ; d'ailleurs, presque tous les sujets horticoles des serres de l'Europe peuvent y rencontrer, à quelques rares exceptions près, des conditions avantageuses de végétation.

Les hampes de quelques unes de ces Agaves sont tellement développées qu'elles sont utilisées comme charpente légère.

IV

LILIACÉES

———

Les *Liliacées* et tous les groupes voisins de cette grande famille constituent un ensemble considérable de végétaux curieux dans leur floraison ordinairement hivernale en Algérie pour les espèces bulbeuses.

La tribu des *Aloe* véritables est représentée par une foule d'espèces recherchées par leurs formes bizarres. Mais les plantes les plus originales sont celles dont les prodigieux développements concourent à donner à la flore algérienne un aspect particulier, ce sont les *Yucca*, mais *Yucca* élevés comme des arborescents à troncs puissants et à nombreuses ramifications souvent chargées de panicules longtemps fleuries.

Les *Yucca draconis* Lin. Caroline, et *Yucca aloefolia* Lin. Am. austr. ont environ 8 mètres de haut; puis se rencontrent, dans des proportions moindres, *Yucca Treculeana* Hort. Texas.

Une espèce est réellement gigantesque, *Yucca canaliculata*, dont le tronc non ramifié s'élève à environ 10-12 mètres.

Beaucoup de ces plantes contiennent de très-bonnes fibres.

Voisines de cette grande division des *Liliacées* se trouvent les *Asparagées* dont les représentants jouent un grand rôle dans le commerce horticole.

D'abord tout le genre *Dracæna* et *Cordyline*. Au premier rang des grandes plantes se remarquent :

Dracæna Draco Lin. Canaries. Ind. Or. à tronc fortement ramifié.

Dracæna canariensis.

Espèce plus belle que la précédente et s'élevant sur des troncs droits et de revêtement argenté.

Les **Dracæna fruticosa** et **D. marginata** Lam. Madagascar forment des massifs avec les *Cordyline*.

Cordyline australis Endl. Nouv.-Holl.

— **brasiliensis** Hort. Brésil.

— **congesta** Steud. Nouv. Holl.

— **parviflora** H. B. Mexique.

— **cannæfolia** R. Br. Nouv. Holl.

Toute la section des *Dracæna indivisa* peut vivre dans les parties fraîches et montagneuses, mais les plantes à feuillages colorés dont le type est le *D. terminalis* résistent mal à la pleine terre.

V

AROÏDÉES

Ces plantes sont pour la plupart très-ornementales dans les parties chaudes du littoral; leur aspect essentiellement polymorphe les fait rechercher.

Leur culture n'est pas toujours sans difficultés à cause de l'humidité qu'elles réclament constamment.

Le genre *Colocasia* ou *Caladium* a beaucoup d'espèces de belle venue dont il est parlé dans divers chapitres. (Plantes alimentaires). *Arum, Arisarum, Dracunculus*, etc. etc., *Amorphophallus Rivierii*, etc., fleurissent dans les lieux frais et abrités.

Les plantes les plus décoratives de la famille, en même temps que les plus robustes sur le littoral algérien sont :

Philodendron pertusum Roxb. Indes Orient.

S'accroche aux arbres et sous leur ombrage, malgré le manque d'irrigation, vit en s'enlaçant à leurs troncs. Le fruit est recherché par la finesse de son parfum.

D'autres espèces, quoique moins vigoureuses, résistent en plein air,

Philodendron hederaceum Schott. Am. austr.

lacerum Schott. Ind. occ.

Scindapsus giganteus Svect. Ins. princ. Wallis.

Une grande section ne peut cependant supporter les intempéries, abaissements comme sécheresse de la température et du sol, tels sont les *Pothos, Anthurium, Dieffenbachia*, etc.

Un simple abri et l'arrosement assuré l'été permettraient cependant une culture réussie d'un très-grand nombre de ces curieuses Aroïdées.

Il en est de même des *Caladium* à feuillage panaché ; sous de petits abris et dans des terres légèrement tourbeuses, leur végétation comme leur coloris sont très satisfaisants.

V l

BAMBUSÉES

Les nombreuses espèces du genre *Bambou* sont appelées à rendre bien des services agricoles surtout dans les régions où le bois est rare. Différents auteurs, notamment M. Renard qui a été longtemps délégué du commerce français en Chine, ont reconnu que l'Algérie pouvait offrir des climats favorables à ces intéressants et utiles végétaux.

Le groupe des *Bambusées* a, en effet, deux sections bien caractérisées par leur végétation qui assigne à l'une des zones chaudes et tempérées et qui permet à l'autre de vivre dans les parties froides.

Donc, aux plaines littoraliennes, dans les lieux humides ou sur les bords des cours d'eau ou des canaux d'irrigation, la première section à pousses estivales ou automnales dans lesquelles on trouve les grosses espèces:

Bambusa macroculmis A. Riv. Inde.

La plus grosse espèce d'Algérie.

Bambusa vulgaris Wendl. Madagascar.
   —   —   **vittata** A. Riv.
   —   **maxima** Poiret. Amboine.
   —   **spinosa** Roxburg. Indes Or.

Puis la deuxième section qui peut vivre dans nos montagnes, dans nos hautes plaines, qui renferme des espèces traçantes, à végétation vernale, mais qui a des chaumes ligneux de dimensions moindres.

Bambusa mitis Poiret. Chine.

La plus grosse espèce de la section.

Bambusa Quilioi Hort. Japon.

— **viridi-glaucescens** Carr. Chine.

— **aurea** Hort.

— **nigra** Lodd. Indes Or.

— **Simoni** Carr. Chine.

Les *Bambous* se signalent en Algérie par leur puissance de végétation. Les grosses espèces ont une pousse tellement rapide que dans la période d'élongation elle atteint 27 centimètres par 24 heures. Dans les espèces traçantes de la 2me section, ces pousses dépassent quelquefois 50 centimètres en 24 heures. C'est dire que ces chaumes solides ne demandent pour croître que quelques semaines et une période annuelle pour se durcir.

Le génie rural et l'industrie commencent à se préoccuper de l'emploi des Bambous algériens : constructions légères, hangars, séchoirs à tabacs, magnaneries, meubles rustiques et artistiques, enfin, pour les espèces moyennes et petites, cannes, cannes à pêche, manches de toutes sortes, clayonnages, etc. etc...

Des plantations de *Bambous noirs* existent déjà dans certaines fermes et ont donné un revenu, mais en dehors du rendement, il est certain que ces végétaux auront dans les exploitations agricoles des usages divers, d'autant plus qu'ils croissent facilement en demandant peu de culture.

Au point de vue de l'assainissement des contrées marécageuses ils ont une action toute indiquée.

VII

BROMELIACÉES

————

La culture en pleine terre de cette famille est limitée ; cependant quelques espèces se montrent très-résistantes :

Bromella sceptrum Hort.

— **Karatas** Lin. Indes occ.

Quelques espèces de *Pitcairnia, Tillandsia Æchmea,* se cultivent encore assez facilement, mais cette culture, pour donner des résultats, doit être entreprise par un habile praticien qui saura surtout modifier le sol et choisir des expositions convenables.

Quant à l'*Ananas* comestible, cette culture dépend absolument d'un spécialiste ; en pleine terre la plante vit bien sur le littoral, mais la fructification laisse beaucoup à désirer.

II

DICOTYLEDONES

I

ACANTHACÉES

Un groupe remarquable de plantes à belles floraisons se trouve dans cette famille. Les *Justicia* et les *Aphelandra* dont les nombreuses espèces fleurissent bien à mi-ombre.

Justicia adathoda Lin. Inde.

est un petit arbrisseau d'ornement très-répandu et rustique.

Deux belles plantes tapissent les murailles :

Hexacentris coccinea Lin. Inde.

Thunbergia grandiflora Roxb. Calcutta.

I I

ACERINÉES et HIPPOCASTANÉES

Les arbres de ce groupe, originaires en grande partie de l'Europe, du Népaul, des Etats-Unis, de l'Asie, etc., sont mieux dans leur centre de végétation dans la montagne que sur le littoral où, malgré leur tempérament rustique, ils sont languissants ; tels sont les *Erables, Negundo, Marronniers de l'Inde* ou *rouge*, etc.

III

APOCYNÉES

Ce groupe est cultivé avec intérêt malgré les soins divers réclamés par la nature spéciale des genres déjà introduits.

En général, ces plantes contiennent des principes dangereux pour l'homme et les animaux, mais cependant quelques plantes sont ornementales et agréables à la vue par leur floraison : on connaît la *Perrenche* et le *Laurier-rose* avec toutes ses variétés blanches et jaunes, quelquefois à fleurs très-doubles.

Beaucoup d'espèces sont grimpantes et sarmenteuses, et la plupart dégagent un parfum très-suave au moment de la floraison ; les genres *Beaumontia*, *Mandevillea*, *Rhynchospermum*, sont dans les jardins.

Les Franchipaniers, avec une culture spéciale, sont sur le littoral des sujets très-décoratifs de 3 à 4 mètres de hauteur produisant des groupes de fleurs brillantes répandant au loin un parfum pénétrant.

Dans les terres peu fortes on trouve plusieurs belles espèces :

Plumiera rubra Lin. Am. austr.

— **bicolor** R. P. Am. austr.

— **alba** Lin. Madagascar.

— **acuminata** Ait. Inde.

Par une culture soignée, on obtient de très-belles floraisons de quelques genres assez délicats :

Thevetia neriifolia Juss. Antilles. Fleurs jaune d'or.

Cerbera Manghas Lin. Inde. Fleurs blanches et roses.

Wrightia tinctoria R. Br. Ind. Cultivé pour sa matière colorante.

La plante la plus remarquable de cette famille est, en Algérie, un grand arbre qu'on s'étonne d'y trouver si puissamment développé, c'est

Alstonia scholaris Lin. Indes orientales.

ayant 15 mètres de haut et 0 m. 60 de diamètre, petite plante de serre-chaude et de difficile culture dans les collections d'Europe.

IV

ARALIACÉES

Plantes à feuillage ornemental recherchées par l'horticulture.
Le littoral algérien convient parfaitement au développement des représentants de cette famille qui pourraient y être en plus grand nombre.

Aralia papyrifera Hook. Ile Formose.

A grandes feuilles palmées, est une plante assez rustique pour se multiplier d'elle-même par drageonnements. Avec certaines parties de cette plante on fabrique le papier de Chine.

Les espèces les plus remarquables par l'ampleur et la beauté de leur feuillage qui ne s'altère pas à l'air libre sont :

Oreopanax dactyliferum (Touffe), haut. 6 m.

— **capitata** Jacq. Ind. occ. (Touffe), haut. 4 m. 50.

— **nymphæfolium** (Touffe), haut. 8 m.

Paratropia elliptica (Touffe), haut. 5 m.

— **subobtusa** (Touffe), haut. 5 m.

— **terebinthacea** Arnot. Ceylan (Touffe).

— **Wallichiana** W. A. Ind. Or. (Touffe).

Sciadophyllum pulchrum Hort. Java. (Touffe), haut. 7 m.

Botryodendron latifolium Endl. Iles Norfolk.

Aralia Humboldii R. S. Nouv. Grenade. (Touffe), haut. 4 m.

— **reticulata** H. B. Am. austr. (Touffe), haut. 5 m.

Bouturage d'une branche de Ficus Roxburghii

Les *Panax*, les *Paratropia*, quelques *Aralia* à feuillages moins développés sont souvent de très-forts buissons
à feuilles ordinairement d'un beau vert et vernissées.

V

ARTOCARPÉES. — MORÉES

FICUS

Le genre le plus intéressant de cette famille est, pour
l'Algérie, le genre *Ficus* dont les nombreuses espèces
sont originaires des régions chaudes. Les *Ficus* déjà
introduits en Algérie sont, pour la plupart, des grands
arborescents remarquables par leur feuillage persistant
et les dimensions de leurs troncs. Ces troncs sont lisses et
en beaux fûts, mais dans certains cas ils disparaissent
au milieu des racines adventives qui, descendant des premières ramifications, vont s'implanter dans le sol.

Le genre *Ficus* est une de ces plantes qui imprime à
la zone maritime le caractère tropical le plus marqué,
non-seulement par la beauté de son feuillage toujours
vert et par le cachet pittoresque de ses troncs, mais aussi
par sa puissance de végétation.

1° RACINES ADVENTIVES

Une série comprend des arborescents de fortes dimensions et à racines adventives très-développées qui sont le
caractère le plus saillant de ces espèces. De longues

racines d'abord filiformes, souvent en queue de cheval, naissent des premières ramifications ; elles se balancent au vent pendant leur croissance vers le sol, et quand elles l'atteignent elles s'y fixent solidement pour acquérir aussitôt un accroissement qui fait que ces faisceaux de racines se soudent et constituent des masses ligneuses, véritables troncs, colonnes ou arcs-boutant soutenant ou amarrant fortement troncs et branches.

Ficus Roxburghii Wall. Indes orientales.

Le plus beau type de développement et d'agglomération de racines adventives.

Deux espèces voisines, *Ficus glumacea ?* et *F. macrophylla*, en différent par le manque de racines aériennes.

Ficus elastica Roxb. Indes orientales.

De haute taille mais de végétation moins luxuriante que le précédent ; les racines aériennes sont moins nombreuses.

Ces espèces sont à larges feuilles dont le type est celui des *Ficus elastica*.

D'autres espèces sont à petites feuilles, de formes et de dimensions analogues à celles des Troènes ou des Camellias, mais ayant une couleur verte toute particulière.

Ficus lævigata Vahl. Iles Caraïbes.

Racines aériennes peu agglomérées, descendant des branches en forme de long câble de couleur claire et cendrée. Très-grands arbres à feuilles luisantes.

Ficus nitida Thunb. Indes orientales.

Même aspect que le précédent mais à feuilles plus petites et plus sombres.

Ficus rubiginosa Desf. Nouvelle-Hollande.

Les racines se développent très-tardivement et pendent des jeunes branches sans jamais toucher le sol.

INFLORESCENCES CAULINAIRES

Une série de Ficus est remarquable par la disposition des inflorescences sur le tronc même ou sur les principales branches : elles naissent généralement en ramifications plus ou moins courtes, mais quelquefois elles sont à l'état de racèmes très-développés.

On remarque dans ce groupement des arbres de très-fortes dimensions mais n'ayant jamais de racines adventives, et par contre des troncs droits et bien formés.

Par ordre de taille il faut citer :

Ficus laurifolia Lamk. Indes occidentales.

Arbre gigantesque à puissantes ramures et dont les racines de la base du tronc émergent du sol sur une certaine surface avant de s'y enfoncer.

Ficus racemosa Lin. Indes orientales.

Fortement ramifié et chargé d'un beau feuillage.

Ficus Sycomorus Lin. Egypte, Soudan.

Très-gros arbre d'aspect cendré, à feuillage terne, à bois léger mais de conservation facile.

Ficus reclinata Desf. Inde.

Feuillage abondant qui se renouvelle annuellement.

Mais l'espèce qui se signale par ses racèmes pendants enlongues grappes chargées d'inflorescences, c'est le

Ficus capensis Thunb. Afrique australe.

Le **Ficus Lichtensteinii** Link. n'est peut-être qu'une forme du précédent: il en diffère cependant dans certains cas par la longueur de ces racèmes.

A TRONCS LISSES

Ficus Botterii Hort.

Très-grande espèce à tronc rougeàtre formant une immense cime dont le feuillage brusquement caduc au commencement de l'été se remplace instantanément par une nouvelle foliation.

Ficus benghalensis Lin. Indes orientales.

A larges feuilles et à gros fruits rouges.

Ficus benjamina Lin. Ind. or.

espèce incertaine connue aussi sous le nom de *F. religiosa* et *F. populifolia* à cause de sa ressemblance avec la feuille de certains peupliers.

Les **Ficus Tsjela** Roxb. Ind. or.

— **ramiflora.**

— **cordifolia** Blum. Java.

constituent également de très-grands arbres à feuillage de forme et de couleur différentes.

———

ESPÈCES DÉCORATIVES

Quoique arborescentes, des espèces se signalent par la beauté de leur feuillage :

Ficus nobilis.

— **Chauvierii.**

— **Neumannii.**

— **Murrayana.**

— **nervosa.**

Ficus nymphæfolia.

    pseudo-nymphæfolia.

—   **rubrinervis.**

—   **Millerii.**

On connaît environ 600 espèces de *Ficus*, c'est dire combien de plantes intéressantes de ce genre sont encore à introduire en Algérie où la multiplicité des exemples acquis permet de croire que de nouvelles espèces trouveront également les éléments d'une vigoureuse végétation.

On sait que plusieurs espèces nous rendent déjà d'utiles services en dehors de leur rôle décoratif dans les parcs et les jardins. Les boulevards et les routes des environs des grandes villes sont plantés de *Ficus* déjà bien développés : *F. lævigata* et *nitida*, *F. Roxburghii* et *elastica*, *F. benjaminea*, *racemosa* et *Sycomorus*, etc. Cette dernière espèce qui craint l'humidité stagnante du sol peut s'avancer dans nos possessions du Sud.

Ces grands arbres se plaisent assez sous le climat littoralien pour n'exiger aucun soin particulier. Cultivés en pépinière ils en sont extraits à un certain âge avec une petite motte et leur reprise est tout aussi assurée que celle de n'importe quel sujet à feuilles caduques ordinairement employé dans les plantations d'alignement.

Le *Ficus carica* ou Figuier comestible a sa place marquée aux arbres fruitiers.

Plusieurs espèces, notamment les *Ficus elastica* et *Roxburghii*, laissent couler par incision un suc laiteux assez abondant, véritable caoutchouc.

Le bois des *Ficus* est léger mais non sans solidité : on sait que celui du *Ficus Sycomorus* est assez incorruptible puisque les cercueils des momies étaient faits avec des planches de ces figuiers.

Pour donner une idée du développement des *Ficus*, voici quelques dimensions qu'ils présentent déjà en Algérie :

Ficus Botterii Hort. haut. 12 m., diam. 0 m 60.

—   **benjaminea** Lin. Ind. or. haut. 15 m., diam. 0 m. 30.

—   **benghalensis** Lin. Ind. or. haut. 9 m., diam. 0 m. 50.

Ficus Capensis Thunb. Afr. austr. haut. 10 m., diam. 0 m. 40.

— **coronata** Reinw. Java. haut. 10 m., diam. 0 m. 45.

— **cordifolia** Blum. Java. haut 10 m., diam. 0 m. 30.

— **elastica** Roxb. Ind or. haut 15 m., diam. 0 m. 70.

— **lævigata** Vahl. Iles Caraïbes. haut. 18 m., diam. 0 m.65.

— **laurifolia** Lam. Ind. occ. haut 20 m., diam. 1 m. 10.

— **Lichtensteinii** Link. Afr. austr. haut. 12 m., diam. 0 m. 50.

— **nitida** Thunb. Ind. or. haut. 20 m., diam. 0 m. 60.

— **populifolia** Vahl. Arabie. haut. 10 m., diam. 0 m. 50.

— **racemosa** Lin. Ind. or. haut. 25 m., diam. 1 m. 10.

— **reclinata** Desf. Inde. haut 16 m., diam. 0 m. 75.

— **Roxburghii** Wall. Ind. or. haut. de la touffe 18 m., diam. 20 m. Tronc, diam. avec racines 3 m.

— **rubiginosa** Desf. Nouv.-Holl. haut. 18 m., diam. 0 m. 60.

— **Sycomorus** Lin. Egypte. haut. 18 m., diam. 0 m. 70.

Les autres plantes de cette famille ont des genres connus en Algérie. *Morus*, *M. clura*, *Broussonetia*, etc., qui rendent différents services et se plaisent à toutes les altitudes, mais les véritables *Artocarpées* sont rebelles même au climat littoralien.

Le *Jaquier*, *Artocarpus incisa* Lin. fils, iles Moluques, arbre à pain, et l'*Artocarpus integrifolia* Lin. fils, ne résistent pas aux hivers. Le *Galactodendron utile* H. B. Vénézuela, arbre à la vache est très-peu rustique et exige une éducation pleine de soins délicats.

VI

BEGONIACÉES

———

Ce groupe de plantes est difficilement cultivable en pleine terre pour en obtenir la bonne conservation du feuillage ou de la floraison.

Sous de simples abris vitrés, ouverts à tous les vents, un grand nombre d'espèces s'y font remarquer par leur développement en véritables petits buissons fleuris.

Les *Begonia bulbeux* supportent mal les chaleurs.

VII

BERBERIDÉES

———

Beaucoup de plantes propres à la région des montagnes, *Berberis* d'Europe et du Népaul. Les *Mahonia* y sont plus beaux que vers la mer et le *Nandina domestica* Thunb. Chine, est un joli arbuste aux basses altitudes.

———

VIII

BIGNONIACÉES

Aux plantes grimpantes on a pu remarquer combien cette famille fournissait de lianes et d'espèces sarmenteuses qui concouraient à l'embellissement des troncs des autres végétaux.

Les *Bignoniacées* se présentent aussi sous la forme d'arborescents de taille bien marquée et d'arbrisseaux au feuillage élégant et aux floraisons bleues, rouges, ou jaunes.

Jacaranda mimosæfolia Don. Brésil.

Est un des plus gracieux représentants du groupe des ligneux.

Les arbrisseaux à fleurs jaunes dominent dans les jardins :

Tecoma stans Juss. Antilles.

—   **mollis** H. B. Mexique.

—   **fulva** G. Don. Chili.

—   **schinifolia**.

Un *Tecoma* à fleurs rouges est à signaler :

Tecoma Capensis Thunb. Cap.

Les dimensions suivantes donnent un aperçu de la taille de quelques *Bignoniacées*.

Jacaranda mimosæfolia Don. Brésil. haut.17 m., diam.0 m. 45.

Spathodea Wallichii, haut. 7 m., diam. 0 m. 15.

Tecoma spectabilis, haut. 7 m., diam 0 m 12.

— **stans** Juss. Antilles. haut. 6 m., diam. 0 m. 15.

Le Calebassier des Antilles, *Crescentia Cujete* L. est demi-rustique.

Le **Kigelia pinnata** Dec Mozambique qui forme au Caire de grands arbres remarquables par leurs immenses fruits siliquiformes, ne résiste pas dans le jeune âge mais peut prospérer planté à l'état adulte.

Le *Catalpa* remonte jusque dans les parties froides des Plateaux.

IX

BOMBACÉES. -- STERCULIACÉES

Encore une famille de grands arborescents des régions tropicales qui sont dans nos jardins des rivages des sujets remarquables par le revêtement épineux du tronc de quelques-uns et par la beauté de leurs floraisons. Le climat littoralien leur plaît assez pour que certains de ces arbres aient atteint d'immenses proportions qui, dans peu d'années, donneront une idée des énormes dimensions prises par un de leurs congénères le *Baobab* du Soudan.

Chorisia speciosa Saint-Hil. Brésil, haut. 18 à 20 m., diam. 1 m. 20.

Cette *Bombacée* est, en Algérie, le premier type des espèces introduites à cause de son grand développement, de ses magnifiques floraisons d'automne et de l'originalité de son écorce armée de gros piquants pyramidaux.

On trouve dans ces arbres d'environ 25 ans d'âge des cimes étalées de 60 mètres de circonférence.

Eriodendron phœosanthum Dene, patrie inconnue.

Egalement un grand arbre à écorce cendrée et armé d'aiguillons obtus, à fleurs brunes. Hauteur 14 m., diamètre 0 m. 40.

Eriodendron Rivieri Dene, patrie inconnue

Arbre moins grand que le précédent mais se couvrant pendant l'hiver, après la chute des feuilles, d'une abondance de fleurs rouges à ton de corail ou de cinabre.

Hauteur 10 mètres, diamètre 0 m. 50.

Eriodendron leiantherum Saint-Hil. Brésil.

Arbre peut-être un peu moins rustique que le précédent, armé d'aiguillons coniques plus acérés, épanouissant pendant l'hiver de magnifiques corolles blanches et veloutées. Hauteur 7 mètres, diamètre 0 m. 15.

Les *Eriodendron anfractuosum* et *macrophyllum* semblent offrir quelques difficultés d'éducation dans le jeune âge.

Le genre *Carolinea* ou *Pachira* ne se classe pas encore dans les arbres de première taille, cependant la croissance de quelques-uns est déjà accentuée.

La beauté de leur feuillage pendant l'été, et surtout la bizarre floraison de quelques-uns pendant la saison hivernale, les font considérer comme des curiosités végétales des plus intéressantes. En effet, pendant l'hiver, quand l'arbre dépourvu de feuilles n'a plus qu'une ramure blanchâtre et nue les fleurs s'épanouissent, mais floraison originale en ce sens qu'elle paraît seulement composée d'étamines réunies en houppe sphérique et quelquefois en forme de grande aigrette.

Pachira alba Lodd. Rio-Magdalena.

Grande espèce semblant avoir deux formes caractérisées par l'ampleur du feuillage et de la fleur : *Pachira alba, minor* et *major*, cette dernière présentant toujours un style plus long, contourné et teinté de rose.

Pachira alba Lodd. Rio-Magdalena, haut. 9 m., diam. 0m. 45.

— — **minor** Hort. haut. 10 m., diam. 0 m. 30.

— — **major** Hort. haut. 12 m., diam. 0 m. 40.

— **oleaginea** Dene, haut. 7 m., diam. 0 m. 15.

Ce dernier est une espèce nouvelle à petits fruits.

Pachira macrocarpa Hort. Mexique, haut. 9 m., diam. 0m.35.

Arbre de plus petite taille, à feuillage ample et presque persistant. Par exception sa floraison est estivale : c'est la plus belle du genre, en longue aigrette formée d'étamines à brillante couleur jaune, teintées de rose vers leur extrémité. Le fruit, gros comme la tête d'un enfant, au revêtement velouté et mordoré, contient des graines comestibles.

Le genre *Sterculia* est le plus effacé au milieu de ces intéressants végétaux, cependant il offre des grands sujets :

Sterculia heterophylla Beauv. Owaria, haut. 18 m , diam. 0 m. 60.

Grand arbre à large cime.

Sterculia platanifolia Lin. Chine, haut. 15 m., diam. 0 m. 45.

Un arbre à larges feuilles de platane employé comme avenue.
Les autres *Sterculia* ont des dimensions plus réduites et se signalent par la beauté de leur feuillage.

Sterculia nobilis Smith. Ind. Or. haut. 8 m., diam. 0 m. 35.

— **coccinea** Roxb. Ind. Or., haut. 8 m., diam. 0 m. 25.

Le *Brachychiton populneum* commence à faire des arbres curieux par le renflement ventru de leur base et les *Dombeya* et *Astrapœa* sont de grands arbrisseaux fleurissant bien.
En général les *Bombacées* sont de végétation littora-

lienne, cependant quelques espèces pourraient être introduites sans désavantage dans les basses oasis voisines du
Tell où il serait intéressant d'essayer le *Baobab, Adanso-*
nia digitata Lin. Sénégambie et *Adansonia sphærocarpa*
de Madagascar, espèces qui ne résistent pas aux hivers
humides du littoral.

X

BORRAGINÉES — CORDIACÉES

Les espèces dignes d'intérêt ne sont pas les petites
plantes herbacées que les *Borraginées* rappellent à première vue.

Leurs représentants en Algérie sont souvent des petits
arbres, notamment la tribu des *Ehrétiées*.

Ehretia tinifolia Lin. Caraïbes.

— **serrata** Roxb. Bengale.

Puis dans des dimensions moindres les *Tournefortia*
avec leurs inflorescences scorpioïdes blanches, ou violacées, ou sombres.

Les *Cordiacées* quoique originaires des contrées intertropicales ont, sur notre littoral, une végétation assez vigoureuse. Beaucoup sont de véritables petits arbres.

Cordia domestica Roth. Ind. or.

— **serrata** Juss. Ind. or.

La première de ces deux espèces est remarquable par ses larges feuilles et ses abondantes fleurs blanches bravant le soleil de juillet.

Cordia scabra Desf. Ind. or.

— **crenáta** Delil. Hte-Egypte.

— **parviflora** Desf. Jamaique.

— **Sebestina** Lin. Ind. or.

Quelques grandes *Vipérines* sont très ornementales.

Echium candicans Jacq. Ténériffe.

— **Auberianum.**

En floriculture l'*Héliotrope* est la plante la plus appréciée de cette famille. Sur le littoral cette plante pousse à l'état de buisson, quelquefois taillée en haie ou petite muraille de fleurs parfumées.

_____

XI

CAMELLIACÉES

_____

Les altitudes moyennes et souvent les ravins frais et abrités conviennent mieux à la plupart de ces plantes que les plaines chaudes, sauf pour le

Visnea mocanera Lin. fils. Canaries.

Mais les *Camellia* et les *Thea* sont presque rebelles aux cultures du littoral où ils ne vivent que peu de temps.

La plantation du *Thé* a été essayée à plusieurs reprises sans grand résultat : les aridités de la saison chaude sont plus funestes pour ces plantes que les abaissements de température ; aussi les régions du Dahra, du Filfila, de Djidjelli, etc., avec leur climat moyen, pourraient mieux leur convenir.

XII

CAPRIFOLIACÉES

Les *Sambucus*, les *Symphoricarpos* et les *Viburnum* appartiennent aux jardins des zones froides. Un *Viburnum capense* H. P. du Cap et le *V. nudum* Lin. Amér. sept. ont de belles inflorescences.

Les *Chèvrefeuilles* réclament les mêmes climatures peu chaudes, cependant le *Lonicera sinensis* Wats. Chine. Ind. or. et sa variété panachée souffrent du froid dans les plaines éloignées de la mer.

XIII

COMPOSÉES

L'Horticulture algérienne a réuni en Algérie une foule de représentants les plus utiles de cette grande classe qui ne s'y distingue pourtant pas par des sujets de grandes dimensions, ni d'une manière générale par des plantes originales.

Cependant elle fournit des plantes utiles et alimentaires de premier ordre qui occupent une bonne place dans notre culture maraîchère : *Cynara, Tragopogon, Cichorium, Lactuca*, etc., etc.

La floriculture de nos parterres trouve en elle une base d'éléments variés en petites plantes annuelles ou vivaces, *Gnaphalium, Centaurea, Pyrethrum, Chrysanthemum, Achillea, Senecio, Calendula, Dahlia*, etc., etc.

Toutes ces plantes qui prospèrent plus ou moins longtemps sur le littoral dans les parties chaudes se retrouvent en grande partie dans toutes les zones de l'Algérie, mais elles préfèrent les contrées montagneuses.

Les espèces les plus dignes d'attention par leur développement et l'abondance de leur floraison sont :

Ferdinanda eminens Lagasc. Mexique.

Formant des touffes dont les tiges atteignent 6 mètres de hauteur à belles inflorescences blanches paraissant au printemps.

Montagnæa heracleifolia Ad. Brong. Mexique.

Touffes ramifiées de 4 mètres de hauteur à belles feuilles découpées et à floraison automnale.

Les *Eupatorium, Bidens*, les nombreux *Verbesina*,

Eriocephalus, forment des buissons assez élevés, mais parmi cette végétation buissonnante il faut classer en première ligne deux *Osteospermum* du Cap, très résistants et florifères malgré la sécheresse.

Osteospermum pisiferum Lin.

Atteignant deux mètres de hauteur à inflorescences jaunes.

Osteospermum moliniferum Lin.

De même sorte que le précédent,

Par sa nature particulière, épaisse, charnue ou coriace un genre est compris dans les *Plantes grasses* :

Kleinia ou **Cacalia**.

XIV

CONIFÈRES

Cette famille comprend un grand nombre d'espèces très intéressantes ordinairement originaires des contrées froides et tempérées.

En Algérie, l'extention des belles espèces introduites en France semble limitée : en effet, ces résineux ne peuvent venir que dans notre région montagneuse à certaines altitudes, ce que démontre parfaitement la plantation du Djebel-Onache, près de Constantine où l'on trouve de très beaux échantillons de *Pins Sabine, Coulteri*, des *Sapins* des Babors, de Cilicie, etc.

Aux moyennes altitudes abritées du sud, le *Cedrus deodora* se comporte assez bien, et les *Sequoia gigantea* et *sempervirens*, sont de bonne venue. De très-beaux exemplaires de cette dernière espèce, quoique encore jeunes, se plaisent dans les terres profondes du jardin public de Blidah.

Si cette forme commune des Conifères est assez rare dans notre zone littoralienne, cette famille est pourtant représentée par des sujets que seule l'horticulture algérienne peut montrer dans tout leur développement.

En effet, notre jeune horticulture a déjà réuni sur plusieurs points du climat maritime une série de Conifères dont les sujets de 10 à 30 mètres de hauteur sont intéressants à énumérer :

Araucaria excelsa Ait. Nouvelle Calédonie, haut. 35. m., diam. 1 m. 20.

— **Cooki** R. Br. Nouv. Calédonie, haut. 15. m., diam. 0. m. 45.

— **Cunninghami** Steud. Nouv. Holl., haut. 20. m, diam. 0. 65.

— **Bidwillii** Hook. Australie, haut. 8. m., diam. 0. m. 35.

— **Rulei** Lindl. Nouv. Calédonie, haut. 3. m. 50, diam. 0. m. 10

— **Brasiliensis** Lamb. Brésil, haut. 10 m., diam. 0. m. 30.

Dammara australis Lamb. Nouv. Holl., haut. 17. m., diam. 0. m. 30.

Podocarpus Totara Don. Nouv. Zélande, haut. 10 m., diam. 0. m. 25.

— **ferruginea** Don. Nouv. Zélande (touffe), haut. 4. m. 50.

— **neriifolius** Lamb. Ind. oc. (touffe), haut. 4. m.

— **latifolius** Wall. Ind. or. (touffe) haut. 3. m.

Pinus Canariensis Sweet. Iles Canaries, haut. 25 m., diam. 0. m. 50.

— **longifolia** Lamb. Népaul, haut. 20 m., diam. 1. m. 20.

Les *Casuarinées*, peu loin des Conifères par certains

caractères et surtout comme aspect, renferment des espèces utiles à plusieurs points de vue, notamment pour la formation des brise-vents ou de bordures aux grands canaux d'irrigation en guise de Peupliers.

Casuarina tenuissima Hort. ou mieux

    leptoclada Hort. Nouv. Holl., haut., 18 m., diam. 0 m. 20.

Est très employé dans les brise-vents.

Casuarina quadrivalvis Labil. Van. Diemen, haut. 10 m., diam. 0 m. 45.

  — **equisetifolia** Forst. Océan pacifique, haut. 10. m., diam. 0 m. 35.

Sont deux espèces vivant dans les sables et au bord des eaux saumâtres, résistant assez aux vents de mer.

XV

CRUCIFÈRES

Aucune plante ne caractérise cette utile famille par une végétation spéciale. Elle fournit à l'ornementation et à l'alimentation de précieux produits. On connaît la *Corbeille d'or*, les nombreux *Thlaspi*, les odorantes *Giroflées*, etc., pour les parterres et pour le jardin maraîcher, *Choux, Raves, Cressons, Raiforts*, etc., ainsi que les oléagineux *Cameline, Moutardes, Colza*, etc., toutes plantes préférant les altitudes et les zones froides aux pays tempérés du climat marin.

XVI

CYCADÉES

———

Ces *Gymnospermes* à végétation étrange, débris des périodes antédiluviennes, ont trouvé sur le sol algérien un milieu favorable à leur existence. Quelques-uns même supportent la neige dans leurs rosaces de feuilles pennées. On trouve des *Cycadées* avec des troncs formés et de nature vigoureuse comme au pays d'origine.

Cycas revoluta Thunb. Japon.

— **circinalis** Lin. Iles Moluques.

Encephalartos caffer Lehm. Afr. austr.

— **Lehmannii** Lhem. Afr. austr.

Dion edule Bot. Mag. Mexique.

Il n'est pas rare de voir aux *Cycas revoluta* des rosaces de feuilles dont le nombre dépasse la centaine, des troncs d'*Encephalartos caffer* de 2 mètres de haut, et chez des *Zamia* des cônes atteignant 0 m. 60 de longueur.

La multiplication de toutes ces intéressantes espèces a lieu ordinairement à l'aide de bourgeons renaissant constamment à la base ou sur la périphérie du tronc.

XVII

EUPHORBIACÉES

———

Cette famille renferme un grand nombre d'espèces qui ont des principes actifs employés en médecine. Cependant quelques plantes ont dans nos jardins un rôle absolument ornemental.

Euphorbia splendens Boger. Madagascar, pour ses fleurs.

Poinsettia pulcherrima Graham. Mexique, pour ses bractées rouges.

Adenoropium multifidum Pohl. Am. austr. pour son feuillage et ses fleurs rouge vif.

Les *Phyllanthus, Codiœum, Xylophylla*, etc., viennent bien sur le littoral.

Peut-être, en raison de leur culture très-facile, quelques plantes auraient un usage médicinal :

Croton tiglium Lin. Ind. or. Chine.

— **balsamiferum** Lin. Ind. occ.

Curcas purgans Méd. Cuba, Nouv. Grenade.

Le *Manihot* ne donnerait des résultats que dans des conditions spéciales et le *Ricin* se plaît sur les rivages.

Quelques *Euphorbiacées,* par leur aspect, sont rangées en horticulture dans la section dite des plantes grasses; elles ne craignent pas les terres sèches.

Euphorbia cœrulescens Haw. Cap.

— **grandidens** Haw. Cap.

— **officinarum** Lin. Afr. austr.

— **neriifolia** Lin. Ind. or. Iles Moluques.

Des *Euphorbiacées* présentent déjà de grands développements :

Croton sebiferum Lin Am. sept. Cuba.

Aleurites triloba Forst. Ceylan.

Poinsettia pulcherrima Graham. Mexique.

Hippomane spinosa Lin. Ind. occ.

Le véritable Mancenillier, *Hippomane mancenilla* Lin. Am. tropic. ne résiste pas aux hivers du littoral, ainsi que le Sablier ou *Hura crepitans* Lin. Antilles, qui est demi-rustique.

XVIII

ILICINÉES ET CELASTRINÉES

Les *Houx* conviennent aux parties montagneuses, mais l'*Ilex Paraguariensis*, St-Hil. Paraguay, *Maté* de l'Amérique du Sud, exige le littoral. Le Houx de Mahon, *Ilex Balearica* Desf. Iles Baléares, vit encore sur le rivage.

Les *Fusains* se plaisent également aux altitudes dont le climat se rapproche de leur pays d'origine : Europe, Japon, Virginie.

Une espèce de l'Abyssinie forme un arbrisseau ramifié de la base et connue par les arabes sous le nom de Càt.

Celastrus edulis Wahl Arabic.

Sa hauteur est de 7 mètres et le diamètre de son tronc atteint déjà 0 m. 20.

XIX

LABIÉES

———

Cette nombreuse famille ne nous fournit que des petites espèces.

Beaucoup de *Salvia* sont cultivés dans les jardins à l'état de petits buissons plus ou moins ligneux mais en général assez rustiques sur le littoral.

Salvia Regla Cav. Mexique.

— **eriocalyx** Bert. Jamaïque.

— **involucrata** Cav. Mexique.

— **mexicana** Lin. Mexique.

Un petit arbuste qui craint l'humidité des hivers et qui demande un bon abri est le Patchouli :

Pogostemon Patchouli Endl. Inde.

Les autres *Labiées* aiment en général un climat moins chaud que celui du rivage.

XX

LAURINÉES

Les *Laurinées* sont de beaux arbres ou arbrisseaux assez rustiques pour remonter dans la partie montagneuse du pays ; leur feuillage toujours vert les fait rechercher, soit pour former des massifs, des murailles de verdure, soit comme sujets isolés.

Laurus nobilis Lin. Eur. aust. Asie, Afrique.

Ce *Laurier* se rencontre à l'état naturel dans les ravins frais, mais les espèces introduites lui sont bien supérieures par leurs diverses qualités.

Quelques échantillons sont déjà dignes d'attention par leur taille :

Camphora officinalis Nees. Japon, haut. 7 m., diam. 0 m. 35.

Cinnamomum dulce Nees. Chine, haut. 7 m., diam. 0 m. 45.

— **zeilanicum** Nees. Java, haut. 6 m., diam. 0 m 12.

Cryptocarya peumus Nees. Chili, haut. 6 m., diam. 0 m. 15.

Daphnidium gracile Nees., haut. 6 m., diam. 0 m. 15.

Laurus indica Lin. Madère, haut. 10 m., diam. 0 m 30.

— **tomentosa**, haut. 12 m., diam. 0 m. 40.

Persea gratissima Gærtn. Am. trop., haut. 7 m., diam. 0 m 35.

Phœbe lanceolata Nees. Ind. Or., haut. 6 m., diam. 0 m. 30.

Tetranthera ferruginea R. Br. Nouv. Hollande, haut. 5 m., diam. 0 m 30.

— **japonica** Spr. Japon, haut. 6 m., diam. 0 m 30.

On le voit, ce groupe renferme des espèces utiles : le *Camphre*, le bois d'ébénisterie du *Laurus indica*, des sortes de *Cannelles*, un bon arbre fruitier l'*Avocatier*, etc., etc.

XXI

LÉGUMINEUSES

Cette vaste famille a de nombreux représentants en Algérie : les espèces ligneuses, arbres ou arbrisseaux, offrent par leur développement un certain intérêt.

Aux essences utiles on a indiqué diverses *Légumineuses* à l'état arborescent.

Des arbres qui résistent aux régions froides sont : les *Robinia* et toutes leurs variétés ; les genres *Amorpha, Gymnocladus, Gleditschia, Styphnolobium*, etc.

Parmi les arbres, arbrisseaux et arbustes des zones chaudes et tempérées il convient de citer :

Les *Swainsonia* de la Nouvelle-Hollande, les nombreux *Indigofera*, dont quelques espèces peuvent vivre dans les oasis ; les *Genista*, les *Spartium*, etc.

Sophora japonica Lin. Japon, Chine

est un arbre d'alignement, mais le *Sophora secondiflora* Lagasc, Nouv.-Espagne est un fort buisson qui se couvre de fleurs d'un bleu intense.

Quelques *Cæsalpiniées* sont remarquables, notamment le *Coulteria tinctoria* H. B. Carthagène, Mexique, etc. D'autres *Cæsalpiniées* sarmenteuses peuvent être employées comme haies.

Le bois de Campêche, *Hœmathoxylon campechianum* Lin. Am. tropicale, pousse avec vigueur, et le *Parkinsonia aculeata* Lin. Iles Caraïbes, forme un arbrisseau de 4 à 5 mètres couvert de fleurs jaunes.

Le genre *Cassia* fournit une douzaine d'espèces très employées dans les jardins avec les *Schottia* et les *Bauhinia*.

Les grands arborescents et les arbrisseaux les plus remarquables dans les *Légumineuses* qui vivent en Algérie ce sont les *Erythrines* aux belles floraisons ayant tous les tons du rouge.

Les *Mimosées* renferment un groupe de végétaux intéressants par la forme du feuillage et l'originalité de l'inflorescence, c'est le genre *Inga* dont quelques espèces ont les feuilles et les fleurs douées d'une certaine sensibilité par certains temps.

Dans les *Mimosées* le genre *Acacia* principalement forme un grand nombre d'espèces rustiques jusque dans la zone montagneuse.

En dehors de la nomenclature déjà citée aux plantes utiles, un groupe australien se distingue surtout par sa vigueur et par le peuplement rapide qu'il procure en arbres et arbrisseaux, même dans les terrains de qualité médiocre.

Les *Acacia* ont une floraison jaune soufre ou dorée qui dure assez longtemps au premier printemps.

Les grandes espèces, hautes de 6 à 8 mètres environ, sont :

Acacia melanoxylon R. Br. Nouvelle-Hollande.

— **longissima** Link. Nouvelle-Hollande.

— **dealbata** Ait. Nouvelle-Hollande.

— **mollissima** Willd. Nouvelle-Hollande.

— **Cunninghamii** Steud. Nouvelle-Hollande.

Puis, parmi les végétaux de dimensions moindres :

Acacia retinodes Schlecht. Nouvelle-Hollande.

— **juniperina** Willd. Nouvelle-Hollande.

— **cultriformis** Hook. Nouvelle-Hollande.

— **armata** R. Br. Nouvelle-Hollande.

— **sophoræ** Desf. Nouvelle-Hollande.

Ces plantes rendent déjà de grands services à l'horticulture algérienne. Comme dans le Midi de la France, on emploie en bouquets et en décorations les inflorescences

de ces Acacias, notamment des *A. dealbata*, des *A. mollissima* et des *A. floribunda*.

Il est à croire que des moyens de transport et d'emballage plus faciles permettront l'envoi de ces fleurs jusque
sur les grands marchés d'Europe ainsi que cela se pratique à Cannes, à Nice et à Naples.

On connaît en Algérie environ 100 espèces d'Acacias
australiens pouvant y prospérer.

La nomenclature des *Légumineuses* qui prospèrent
dans les diverses parties de l'Algérie est trop importante
pour être citée entièrement : on s'est borné à résumer dans
cet exposé les principaux types rencontrés communément
dans les jardins.

Parmi les plantes qui présentent des difficultés de culture, les *Moringa pterigosperma* Gœrtn. Ind. or. et
M. aptera Gœrtn. Ind. or. ainsi que le *Copaïfera officinalis* Lin. du Brésil, exigent quelques soins particuliers,
et la dernière de ces espèces est même demi-rustique sur
le littoral.

Voici quelques dimensions atteintes par certaines Légumineuses à végétation caractéristique :

Acacia alba Willd. Inde, haut. 7 m., diam. 0 m. 15.

— **arabica** Willd. Inde Or., haut. 7 m., diam. 0 m. 20.

— **Adansonii** Guil. Sénégal, haut. 4 m. 50, diam. 0 m. 15.

— **eburnea** Willd. In. Or., haut. 8 m., diam. 0 m. 25.

— **Lebbeck** Willd. Egypte, haut. 11 m., diam. 0 m. 40.

— **Nandubay** Bompl. Urugay, haut. 9 m., diam. 0 m. 25.

Prosopis juliflora Dec. Jamaïque, haut. 8 m., diam. 0 m. 25.

Gleditschia inermis Hort., haut. 11 m., diam. 0 m. 35.

— **sinensis** Lam. Chine, haut. 9 m , diam. 0 m. 20.

— **triacanthos** Lin. Am. sept., haut. 15 m., diam. 0 m. 40.

Parkinsonia aculeata Lin. Am. austr., haut. 6 m., diam. 0 m. 25.

Bauhinia aculeata Lin. Am. sept., haut. 12 m., diam. 0m. 25.

Cæsalpinia mimosoïdes Lam. Malabar, haut. 12 m., diam. 0 m. 25.

Erythrina corallodendron Lin. Iles Caraïbes, haut. 14 m., diam. 0 m. 50.

— **crista-galli** Amérique du Sud, haut. 15 m., diam. 0 m. 70.

— **umbrosa** H. B. Am. austr., haut. 16 m., diam. 1 m. 10.

— **velutina** Willd. Caracas, haut. 7 m., diam. 0 m. 25.

L'Algérie possède un arbre spontané, productif et vigoureux, certainement le plus remarquable pour nous, dans cette famille, c'est le Caroubier, *Ceratonia Siliqua* Lin. Orient, dont la culture devrait être aussi étendue que celle de l'Olivier.

XXII

LYTHRARIÉES

Arbrisseaux et arbustes employés dans les jardins.

Les *Lagerstrœmia* et *Nesœa* appartiennent aux pays de montagne tout en végétant bien dans les plaines.

Les *Cuphea* sont de belles plantes sur le littoral, notamment

Cuphea eminens Planch. Mexique.

— **platycentra** Benth. Mexique.

qui fleurissent en plein soleil.

Le Henné, *Lawsonia alba* Lam. Ind. orient., cultivé en Egypte, l'est également par les Arabes de nos oasis.

XXIII

MALVACÉES

Ces plantes très prospères sur tout le littoral s'y présentent en groupes nombreux. En dehors des *Cotonniers* et de quelques autres sujets qui produisent des matières fibreuses, cette famille se compose d'espèces très ornementales par leur floraison ordinairement assez prolongée.

Le genre *Hibiscus* est le plus répandu ; les jardins en renferment au moins une trentaine d'espèces sans comprendre les variétés de quelques-unes d'elles.

Hibiscus rosa sinensis Lin. Rose de Chine.

Ce petit arbrisseau attire surtout l'attention par la variation et le coloris de ses fleurs : elles sont simples ou doubles, de couleur rouge, rose, carnée, jaune ou nankin. Leur végétation rapide se présente sous forme de gros buissons et quelquefois d'arbrisseaux.

Hibiscus syriacus Lin. Levant, Syrie.

Ces plantes ont un grand nombre de variétés qui résistent aux terrains secs.

D'autres *Hibiscus* sont également à citer :

Hibiscus liliiflorus Cav. Ile-Bourbon.

— **tiliaceus** Lin. Ind. Or.

— **mutabilis** Lin. Inde.

— **immutabilis.**

Hibiscus cubensis. Cuba.

Ce dernier est une belle plante, mais assez délicate.

Les autres genres en vue sont les *Sida*, très-rustiques, les *Abutilon* avec leurs nombreuses variétés, les *Pavonia*, *Sphœralcea*, etc., etc.

Les véritables Malvacées de nos collections sont ordinairement des espèces de petite taille, cependant les *Hibiscus mutabilis*, Lin. Ind. Or. et *immutabilis*, et quelques Cotonniers vivaces dépassent quatre mètres de hauteur.

XXIV

MAGNOLIACÉES

Arbres de la région montagneuse moyenne où ils vivent mieux que sur le rivage. Beaucoup d'espèces se plaisent dans ces milieux, surtout celles à feuilles persistantes. Les sujets à feuilles caduques, les *Yulan*, craignent l'aridité des saisons chaudes. Les *Illicium* sont de même.

Le Tulipier, *Liriodendron tulipifera* L. des Etat-Unis, ne craint pas les basses températures.

XXV

MELIACÉES ET CEDRELACÉES

Ce groupe renferme de grands arbres, rustiques à la sécheresse comme les

Melia Azedarach Lin. Inde.

— **sempervirens** Swatz. Jamaïque.

Cedrela odorata Lin. Amériq. austr.

Ce Cedrela est un grand arborescent de 15 mètres de haut et de 0 m. 65 de diamètre.

Swietenia senegalensis Desr. Sénégambie, faux acajou

Est peu vigoureux, même sur le littoral, et le véritable acajou *Swietenia Mahagoni* Lin. Amériq. austr., y est demi-rustique.

XXVI

MENISPERMÉES

Deux plantes sont assez communes dans les jardins :

Menispermum laurifolium Roxb. Inde.

Arbrisseau à belles feuilles toujours vertes.

Menispermum canadense Lin. Canada. Grimpant.

XXVII

MYRSINÉES. — THÉOPHRASTÉES

Dans les véritables *Myrsinées* peu de sujets intéres-sants.

Myrsine africana Lin. Cap.

Arbrisseau de 6 mètres de haut, à petites feuilles tou-jours couvertes de fumagine.

Des petits buissons d'*Ardisia* et de *Jacquinia* ne se signalent pas par une pousse très-vigoureuse sur le littoral.

Les plus remarquables de ce groupe sont :

Theophrasta imperialis Rey. Brésil, haut. 7 m., diam. 0 m. 20.

— **latifolia** Willd. Am. austr., haut. 8 m., diam. 0 m. 25.

Dans les parties chaudes du littoral ces végétaux se comportent en arbrisseaux réellement vigoureux atteignant aisément 6 à 8 mètres de haut. Leurs feuilles ont quelquefois 0 m. 70 cent. de longueur et supportent les grandes pluies et les grêles. Par l'irrigation d'été on obtient un feuillage plus ample et plus vert.

XXVIII

MYRTACÉES

Cette famille est célèbre en Algérie : elle renferme le fameux genre *Eucalyptus* universellement connu.

Les Eucalyptus sont sortis du domaine de l'horticulture pour rentrer dans la grande sylviculture du pays. Une seule espèce cependant rend des services, c'est l'*E. rostrata* ou *red-gum*, qui a remplacé le légendaire *E. globulus*, l'essence préconisée tout d'abord.

L'arboriculture du pays comprend un grand nombre d'espèces arborescentes et d'autres buissonnantes. Dans les collections algériennes on rencontre environ une trentaine d'espèces intéressantes, douées de croissances assez rapides pour former en peu de temps d'importants massifs de bois.

Il n'est pas rare de voir plusieurs des espèces citées ci-dessous atteindre d'énormes dimensions. Des arbres de 25 ans d'âge ont souvent 18 mètres de haut et 0,80 de diamètre.

Eucalyptus amygdalina Labil. Nouvelle-Hollande.

—   **colossea.**   —

—   **calophylla** R. Br.   —

—   **citriodora** Hook.   —

—   **goniocalyx** F. Muell.   —

—   **obliqua** Lher.   —

—   **paniculata** Sm.   —

—   **polyanthemos** Schau.   —

—   **stuartiana** F. Muell.   —

—   **viminalis** Labill.   —

Quelques espèces dites alpestres sont proposées pour les plantations des contrées montagneuses et froides, ce sont :

Eucalyptus Gunnii Muell. Nouvelle-Hollande.

—   **alpina** Lindl.

—   **Risdonii** Hook. f.

—   **coccifera** Hook. f.

—   **urnigera** Hook. f.

D'autres genres sont appréciés par leur robusticité et le charme de leur floraison : les *Melaleuca, Metrosideros, Callistemon, Leptospermum* ; les *Melaleuca* et *Metrosideros* renferment beaucoup d'espèces, même très-solides sur les côteaux un peu secs.

Les Myrtacées fournissent également plusieurs espèces fruitières désignées dans un chapitre spécial : *Jambosa, Psidium, Sizygium,* etc.

Les quelques dimensions suivantes donneront une idée exacte du développement des principales Myrtacées en dehors des Eucalyptus dont les proportions gigantesques sont bien connues. Néanmoins citons que quelques *E. globulus* ont de 30 à 35 m. de haut avec un diamètre de 0 m. 75 à 1 m. et que des *E. rostrata* en terrain frais approchent de ces dimensions.

Jambosa australis Dec. Nouvelle-Hollande, haut. 12 m., diam. 0 m. 80.

— **vulgaris** Dec. Ind. Or., haut. 6 m., diam. 0 m. 25.

Leptospermum flexuosum Link. Nouvelle-Hollande, haut. 7 m., diam. 0 m. 25.

Melaleuca cuticularis Labill. Nouvelle-Hollande, haut. 8 m., diam. 0 m 55.

— **ericæfolia** Smith Nouvelle-Hollande, haut. 5 m., diam. 0 m 25.

Metrosideros diffusa Sm. Nouvelle-Zélande, haut. 8 m., diam 0 m. 35.

Myrtus caryophyllata Arrab. Brésil, haut. 6 m., diam. 0 m. 15.

— **pimentoides** Lindl. Ind. Occ., haut. 6 m., diam. 0 m. 10.

Sizygium Jambolanum Dec. Ind. Or., haut. 10 m. diam. 0 m. 45.

Tristania speciosa, haut. 8 m.

XXIX

OLEINÉES ET JASMINÉES

Ce groupe caractérise une végétation algérienne par deux types principaux :

L'*Olivier* répandu à l'état sauvage et largement cultivé et par le *Jasmin* qui est une des rares plantes de l'horticulture indigène.

Les *Oleinées* paraissent se plaire dans toute la région de l'Olivier et, à quelques exceptions près, elles préfèrent la partie tempérée de la montagne, notamment tout le groupe des *Fraxinées*.

Les espèces communes sont les *Chionanthus*, *Ligustrum*, *Fraxinus Ornus*, etc., etc., dont quelques-uns sont des arbres ou des arbrisseaux.

Olea emarginata Lam. Madagascar

Est un grand arbre ornemental par la masse de son feuillage large et consistant.

Les *Osmanthus* sont des arbrisseaux de Chine appréciés pour leurs parfums : *Osmanthus ilicifolius*, *Osmanthus fragrans*.

Les Jasmins sont recherchés par les différentes races orientales.

Jasminum grandiflorum Lin. Ind. Or. ou Jasmin d'Espagne à grandes fleurs.

— **odoratissimum** Lin. Madère.

— **bouquettii.**

Quelques espèces sont moins sarmenteuses et forment des arbrisseaux :

Jasminum Wallichianum Lind. Ind. Or.

— **heterophyllum** Wahl. Ind. Or.

La plante la plus rare dans les cultures et cependant la plus demandée par les Orientaux, c'est le Jasmin *grand duc de Toscane* à fleurs pleines, *Moyorium sambac flore pleno*.

XXX

OXALIDÉES

Ces plantes acaules sont cultivées pour leurs fleurs : elles sont considérées comme végétaux tuberculeux ou à racines charnues. Quelques espèces sont recherchées pour les matières féculentes contenues dans leurs racines. Une plante du Cap, *Oxalis cernua* Thunb , s'est naturalisée sur le littoral où pendant l'hiver elle forme d'épais gazons qui, fauchés, constituent une bonne nourriture pour les autruches. Des variétés à fleurs doubles se sont créées naturellement.

Une grande espèce fruitière :

Averrhoa acida Lin. Inde, Carambolier

résiste difficilement aux hivers du littoral.

XXXI

PIPERACÉES

———

Le genre *Piper* a beaucoup d'espèces qui vivent bien sur le littoral où quelques-unes forment de fortes touffes.

Piper articulatum.
- **flexuosum** Rudge. Guyane.
- **geniculatum** Sw. Jamaïque.
- **longum** Lin. Ind. Orient.
- **nigrum** —

Le *Piper cubeba* Lin. fils, Java. croît sur le littoral dans une terre légère, mais avec quelque abri.

XXXII

PITTOSPORÉES

Les *Pittosporum* sont très-répandus dans les jardins.
Dans la culture en pot ils remplacent les Orangers, les
Myrtes ou les Jasmins à cause de la suavité du parfum
de leurs fleurs.

Les *Pittosporum* sont de grands arbrisseaux à feuillage toujours vert : leur floraison printannière répand
une odeur pénétrante plus délicate que celle de l'oranger.

Pouvant vivre dans la région de l'olivier :

Pittosporum undulatum Vent. Nouvelle-Hollande, haut.
8 m., diam. 0 m. 40.

    —   **Tobira** Ait. Chine.

    —   — **variegata**.

    —   **coriaceum** Ait. Madère.

    —   **eriocarpum** Royl. Ind. Orient.

Une belle plante grimpante :

Sollya heterophylla Labil. Nouvelle-Holl. ou **Billardiera
fusiformis.**

XXXIII

PLUMBAGINÉES

Dans cette famille peu de plantes arbustives et sarmenteuses, mais il y a une espèce remarquable par son développement et la durée de ses inflorescences d'un beau bleu pâle :

Plumbago capensis Thunb. Cap, une des plantes les plus rustiques, même dans la montagne, et très-florifère en plein soleil.

Sont moins rustiques, même sur le littoral :

Plumbago zeylanica Lin. Ceylan.

— **rosea** Lin. Inde.

Les *Statice* ont des variétés ornementales.

XXXIV

POLYGALÉES

Le genre *Polygala* est seul répandu sous sa forme arbustive. Ces charmants buissons sont admirés à cause de
leurs fleurs papilionacées d'un beau rose violet.Du littoral
ils remontent aux basses altitudes.

On en connaît une dizaine d'espèces, parmi lesquelles
se recommandent :

Polygala cordifolia Thumb. Cap Bonne-Espérance.

 — **myrtifolia** Lin.   —

 — **Dalmaisiana** Hort.

 — **latifolia** Ker.   —

XXXV

POLYGONÉES

––––––

Polygonum orientale Lin. Asie, Amériq.

— **euspidatum** Willd. Am. austr.

Muehlenbeckia varians ?

sont de cultures faciles, mais les *Coccoloba* le sont à un degré moindre.

Coccoloba uvifera Lin. Am. australe.

— **diversifolia** Jacq. St-Domingue.

— **platyclada** Muller. Australie.

sont presque rustiques, mais le **Coccoloba pubescens** Lin. Antilles, ne résiste pas aux hivers, ainsi que le **Triplaris americana** Lin. Amériq. australe.

––––––

XXXVI

PROTÉACÉES

Cette famille fournit beaucoup de végétaux typiques à notre horticulture du littoral et de la montagne. A certaines altitudes ils se comportent même bien mieux que dans les plaines basses.

Les espèces de nos collections sont originaires du Cap de Bonne-Espérance et de la Nouvelle-Hollande.

Un arbre rend déjà des services réels pour les plantations d'alignement et des avenues :

Grevillea robusta Cunningham. Nouvelle-Hollande.

Grand arbre de 15 mètres de haut et de 0 m. 80 de circonférence, de croissance assez rapide et donnant un bois de valeur industrielle.

Les autres *Grevillea* sont de moindre importance mais superbes et charmants par leur feuillage et leur floraison aux diverses couleurs.

Grevillea Hillii F. Muell. Nouvelle-Hollande.

— **Drummondii** Meissn. —

— **Manglesii** Hort. —

— **longifolia** R. Br. —

— **sulphurea** Cumingh. —

— **pinifolia** Meissn. —

Divers *Protea* du Cap ne craignent pas les terres sèches, malheureusement l'arbre d'argent, *Protea argentea*, n'a pas réussi dans les cultures.

Les *Hakea, Banksia, Rhopala, Lomatia,* etc., ont tous des formes et surtout des fleurs aussi élégantes que de structure bizarre.

On compte dans la famille des *Proteacées* une centaine d'individus acquis à la zone tempérée de l'Algérie.

XXXVII

RHAMNÉES

Groupe d'arbres, d'arbrisseaux et de buissons très-résistants, comprenant les *Jujubiers* et les *Alaternes.*

Zizyphus orthacantha Dec. Sénégal

est un grand arbre.

Ceanothus, Pommaderis, Phylica, etc., supportent la sécheresse.

Un arbre fruitier du Japon, de taille moyenne, prospère dans les plaines basses et dans la montagne :

Hovenia dulcis Thunb. Japon. Népaul.

XXXVIII

RENUNCULACÉES

———————

Cette famille donne des produits utiles à la floriculture. Elle garnit les jardins pendant l'hiver d'*Anémones* et de *Renoncules*.

Les plantes grimpantes ont dans les *Clematis* une foule de sujets bien variés et les *Pieds d'Alouette*, les *Ancolies* et surtout les *Pivoines* sont de précieuses ressources pour l'ornementation des parterres.

Si cette famille ne contient pas de grandes plantes en Algérie, la plupart ont l'avantage d'y prospérer jusque dans les Hauts-Plateaux bien mieux que sur le rivage.

Une plante à grand feuillage et à belle floraison :

Clematis smilacifolia Wall. Népaul.

exige la zone la plus chaude.

XXXIX

RUBIACÉES

———

Quelques échantillons figurent dans les cultures algériennes mais une grande partie des *Rubiacées* craignent la sécheresse ou les abaissements de température, au moins dans le jeune âge.

Les quelques rares espèces qui sont rustiques et florifères se résument aux suivantes :

Hamelia patens Lin. Am. austr.

Rondeletia speciosa Lodd. Havane.

Coprosma lucida Forst. Nouvelle-Zélande.

puis quelques plantes, sortes d'arbustes variant entre 2 m. 50 et 3 m. de hauteur :

Pavetta australis Hook. Nouvelle-Hollande.

— **ovalifolia** Hort.

Luculia grandiflora.

et surtout le

Gardenia Thunbergia Lin. fils, Cap.

en grosses touffes se couvrant de très-belles fleurs blanches au parfum des plus suaves.

La culture des plantes utiles de cette famille a été l'objet de tentatives nombreuses qui ont démontré que les plus intéressantes *Coffeacées* et *Cinchonacées* ne peuvent résister à l'air libre même sur le littoral.

Le *Caféier, Coffea arabica,* est demi-rustique, l'*Ipeca, Cephælis Ipecacuanah,* ne supporte pas l'humidité des hivers, et enfin divers *Quinquinas* craignent autant la chaleur des étés que les abaissements de température.

Les essais de culture des plantes à *Cachou* issu de cette famille sont également peu concluants : le *Nauclea* ou *Uncaria Gambir* Roxb. Sumatra, est délicat.

XL

RUTACÉES ET DIOSMÉES

Quelques arbustes d'ornement à agréable floraison originaires du Cap et de la Nouvelle-Hollande.

Diosma ambigua Bartl. Cap. Bonne-Espérance.

— **ericoides** Lin. —

Correa alba Andr. Nouvelle-Hollande.

— **speciosa** Andr. —

Crowea saligna Smith. —

XLI

SAPINDACÉES

Ces végétaux des pays intertropicaux se plaisent sur les rivages algériens et quelques-uns, ainsi qu'on l'a vu aux chapitres des plantes fruitières et industrielles, commencent à jouer un rôle économique.

Au point de vue industriel, voici les *Sapindus* plus ou moins saponifères :

Sapindus indicus Poir. Inde, haut. 12 m., diam. 0 m. 30.

— **emarginatus** Wahl. Inde, haut. 14 m., diam. 0 m. 70.

— **Saponaria** Lin. Am. mérid., haut. 10 m., diam. 0 m. 40.

— **surinamensis** Poir. Am. Sud, haut. 12 m., diam. 0 m. 25.

— **cinereus** Madagascar, haut. 10 m., diam. 0 m 30.

— **senegalensis** Poir. Sénégal.

Comme arbres fruitiers :

Euphoria Longan Lam. Chine, haut. 5 m., diam. 0 m. 20.

Litschi Desf. Ind Or., haut. 4 m. 50.

Les autres espèces de bonne végétation sont :

Amirola nitida Pers. Pérou.

Dodonæa Burmaniana D. C. Inde.

— **Thunbergiana** Nouvelle-Hollande.

Cupania tomentosa Swartz. Ind. Occ.

Kœlreuteria paniculata Laxm. Chine.

Ce dernier est un arbre résistant dans les parties montagneuses et même dans certains plateaux très-froids.

XLII

SAPOTACÉES

Quelques genres donnent des résultats divers. Ainsi sont vigoureux dans les plaines:

Bumelia tenax Willd. Caroline.

— **ambigua** Tenor. Caroline.

Sideroxylon atrovirens Lam. Cap.

ayant une hauteur de 8 mètres.

Par contre, le Sapotillier, *Achras sapota* Lin. Jamaïque, est délicat, et sont impossibles à cultiver les *Bassia, Lucuma, Chrysophyllum*, etc., qui ne résistent pas, en Algérie, dans une serre où la température descendrait souvent au-dessous de + 10°.

XLIII

SCROPHULARINÉES

Les *Scrophulaires* ne comprennent pas seulement de charmantes espèces herbacées qui ornent les parterres : les *Linaires*, les *Mufliers*, les *Calcéolaires*, les *Digitales*, etc., etc., mais il y a encore, en dehors de la *Véronique* à l'état de buisson, une série de plantes qui ne peuvent trouver place que dans les plaines littoraliennes.

Par exception il y a un arbre, *Paulownia imperialis,* qui arrive jusqu'aux plateaux.

Des arbrisseaux sarmenteux ou à rameaux pendants, croissant en fortes touffes, ont une abondante floraison.

Buddleia madagascariensis Vahl. Madagascar.

— **glaberrima** Hort. Népaul.

— **salicifolia** Vahl. Am. austr.

Halleria lucida Cap.

Ce dernier est un arbrisseau rustique atteignant 4 à 5 mètres de hauteur.

Quelques arbustes sont recherchés comme ornement, notamment les *Brunsfelsia,* mais des petits arbustes du genre *Franciscea* se signalent par la délicatesse de coloris de leurs grandes fleurs, *Franciscea macrantha, latifolia, laurifolia*, etc., originaires du Brésil, mais vivant bien dans les jardins des rivages algériens sans craindre les sécheresses d'été avec peu d'arrosements.

Un petit groupe ornemental d'origine mexicaine, *Russelia*, se cultive en pot ou en bordures ; il est séduisant par ses rameaux déliés chargés de nombreuses fleurs rouges comme des tubes de corail, *Russelia juncea, R. multiflora.*

XLIV

SOLANÉES

———

En dehors des plantes à usage connu, alimentaires ou industrielles, *Pommes de terre*, *Piments*, *Tomates*, différents *Tabacs*, etc., etc., les *Solanées* ont un grand nombre d'espèces qui prospèrent en Algérie à l'état de buissons plus ou moins développés, atteignant jusqu'à 5 et 6 m. de hauteur, mais aucune espèce n'est à l'état d'arbre proprement dit.

Le genre *Solanum* renferme une foule d'espèces dont les deux plus grandes qui ont une tendance à se reproduire d'elles-mêmes sont :

Solanum auriculatum Ait. Madagascar.

— **Warscewiczii** Hort.

Dans les autres espèces les plus caractéristiques il faut citer :

Solanum laciniatum Ait. Nouvelle-Hollande.

— **xanthocarpum** Schruk. Inde.

— **marginatum** Lin. Abyssinie.

— **robustum** Vendl. Brésil.

Les *Datura* à grandes fleurs pendantes, simples ou

doubles, sont à floraison presque constante : leur parfum est très-suave :

Datura arborea Lin. Am. austr.

— **suaveolens** H. B. Mexique.

— **humilis** Desf. Am. austr.

Quelques *Solanées* se distinguent par leur abondante floraison pleine de charmes qu'on ne s'attendrait pas à rencontrer dans une famille qui renferme tant de principes dangereux :

Solandra grandiflora Swartz. Jamaïque.

— **nitida** Zucc. Ind Or.

— **hirsuta** Brésil.

Plantes sarmenteuses à très-grandes fleurs.

Nycterium amazonicum Ker. Mexique

Petit arbuste qui, taillé en boule, se couvre de charmantes fleurs bleues à tons changeants.

Les *Cestrum* forment un groupe de gros buissons à fleurs tubuleuses, jaunes, blanches, violacées, etc., etc.

Cestrum aurantiacum Meyer. Guatemala.

— **roseum** H. B. Mexique.

— **diurnum** Lin. Havane.

— **nocturnum** Lin. Jamaïque.

Si quelques-uns de ces *Cestrum* exhalent un suave parfum pendant certain temps, une espèce a une odeur fétide.

D'autres espèces à fleurs en corymbes et tubulées appellent l'attention par leur coloris.

Chænestes lanceolata, Nouvelle Grenade.

Iochroma tubulosum Benth. Pérou.

Ce dernier à fleurs d'un bleu intense. Une variété à fleurs blanches a été obtenue dans l'établissement du Hamma.

Le climat du littoral se prêterait admirablement à la réunion d'une collection du plus grand nombre de *Solanées* connues avec leurs variétés. Une culture de ce genre rendrait le plus réel service à la vérification de la nomenclature botanique du genre *Solanum*, principalement, puis ensuite à l'horticulture qui y trouverait des variétés originales et ornementales, dans la forme des feuilles notamment.

XLV

TÉREBINTHACÉES — ANACARDIACÉES

Ce groupe constitue en Algérie un ensemble de végétaux ligneux, souvent à grand développement.

En première ligne on trouve un arbre qui a sa place marquée sur les routes, dans les endroits secs, *Schinus molle* Lam. Brésil, ou Faux Poivrier.

Cet arbre à rameaux pleureurs atteint dix mètres de hauteur et un mètre de diamètre.

Schinus terebinthifolius Raddi. Brésil, grand arbre de massif qui a 14 m. de haut. et 0 m. 50 de diamètre.

— **areira** Lin. Pérou, à grande végétation tourmentée dans laquelle on peut tailler de vastes tonnelles.

Les divers *Pistachiers* sont, du littoral aux plateaux, dans leur centre d'existence.

Les *Rhus* pour la plupart sont de culture dangereuse dans les collections. Cependant quelques-uns sont de bonne végétation :

Rhus vernicifera D. C. Japon, haut. 6 m.

— **succedanea** Lin. Japon, haut. 7 m.

— **Odina** Hamilt. Ind. occ., haut. 12 m., diam. 0 m. 50.

Une série d'*Anacardiacées* est plus délicate, notamment les espèces fruitières suivantes :

Mangifera indica Lin. Ind. occ.

Spondias cytherea Sonn. Iles-Maurice.

— **dulcis** Forst. Java.

Anacardium occidentale Lin. Ind. occ.

XLVI

VERBENACÉES

Les *Verbenacées* présentent dans les cultures algériennes des espèces ligneuses, sous forme de grands arbres, de forts buissons fleuris et de charmantes plantes herbacées.

Les arbres appartiennent principalement aux régions intertropicales et c'est en cela que leur végétation est intéressante à signaler sur le littoral de l'Algérie.

La série des grands arbres de bonne venue est formée par le genre *Citharexylon* dont les représentants figurent déjà dans les parcs et sur certaines places des villes. Feuillage persistant, bel aspect et floraison en jolies petites grappes blanches odorantes sont de qualités appréciées.

Citharexylon quadrangulare Jacq. Guadeloupe, haut. 15 m., diam. 0 m. 45.

— **pentandrum** Vent. Antilles, haut. 7 m., diam. 0 m. 25.

— **caudatum** Lin. Jamaïque, haut. 8 m , diam. 0 m. 25.

— **cinereum** Lin. Brésil, haut. 12 m.. diam. 0 m. 35.

— **lucidum** Chamiss. Mexique, haut. 15 m., diam. 0 m. 45.

— **villosum** Jacques. Antilles, haut 12 m., diam. 0 m. 25.

— **sub-villosum,** haut. 13 m , diam. 0 m. 50.

Le genre *Duranta* renferme un grand nombre d'espèces qui attirent les regards par leur abondante floraison en grappes d'une belle couleur bleue et ensuite par leurs petits fruits jaunes d'or.

Jusqu'à ce jour, une seule espèce atteint en Algérie les dimensions d'un petit arbre, c'est le *Duranta Plumierii* Jacq. à tronc formé de 8 mètres de haut et de 0 m. 50 de diamètre.

Les autres *Duranta* sont de gros buissons ; quelques-uns sont employés pour former des haies : *Duranta brachypoda, Ellisia, stenostachys.*

Une variété à fleurs blanches du *Duranta Plumierii* a été trouvée dans l'établissement du Hamma en 1869.

D'autres Verbenacées constituent d'assez fortes plantes recherchées pour leurs fleurs :

Les *Lantana camara*, à fleurs si variées, les *Clerodendron, Callicarpa,* une charmante espèce sarmenteuse, *Petræa volubilis* Jacq. Antilles, se couvrant de belles corolles bleues, les *Lippia*, etc., etc.

On trouve encore dans cette famille un arbre remarquable par la qualité de son bois, *Tectona grandis* Lin. fils, Indes orientales, connu sous les noms de bois de *Theck* et de Chêne de l'Inde. On avait pensé que cet arbre pourrait être compris parmi les essences de reboisement en Algérie. Or, son éducation première y est délicate et sa croissance lente. Le plus fort exemplaire assez malingre a 8 mètres de haut et un diamètre 0 m. 15.

XLVII

THYMELÉES

Plantes de la région montagneuse moyenne : les *Daphne* et les *Eleagnées* y sont plus vigoureux que sur le littoral.

XLVIII

TILIACÉES

Le genre *Tilleul* ne peut vivre que dans les montagnes, par contre d'autres genres ne résistent que dans les régions tempérées, notamment

Sparmannia africana L. Cap.

formant un gros buisson de fleurs blanches avec les

Grewia Occidentalis Lin. Ethiopie.

— **Orientalis** Lin. Inde Orient.

qui sont des arbrisseaux à fleurs roses.

Les *Corchorus,* qui craignent le froid, étaient autrefois cultivés par les Arabes du Sud comme plantes alimentaires et textiles.

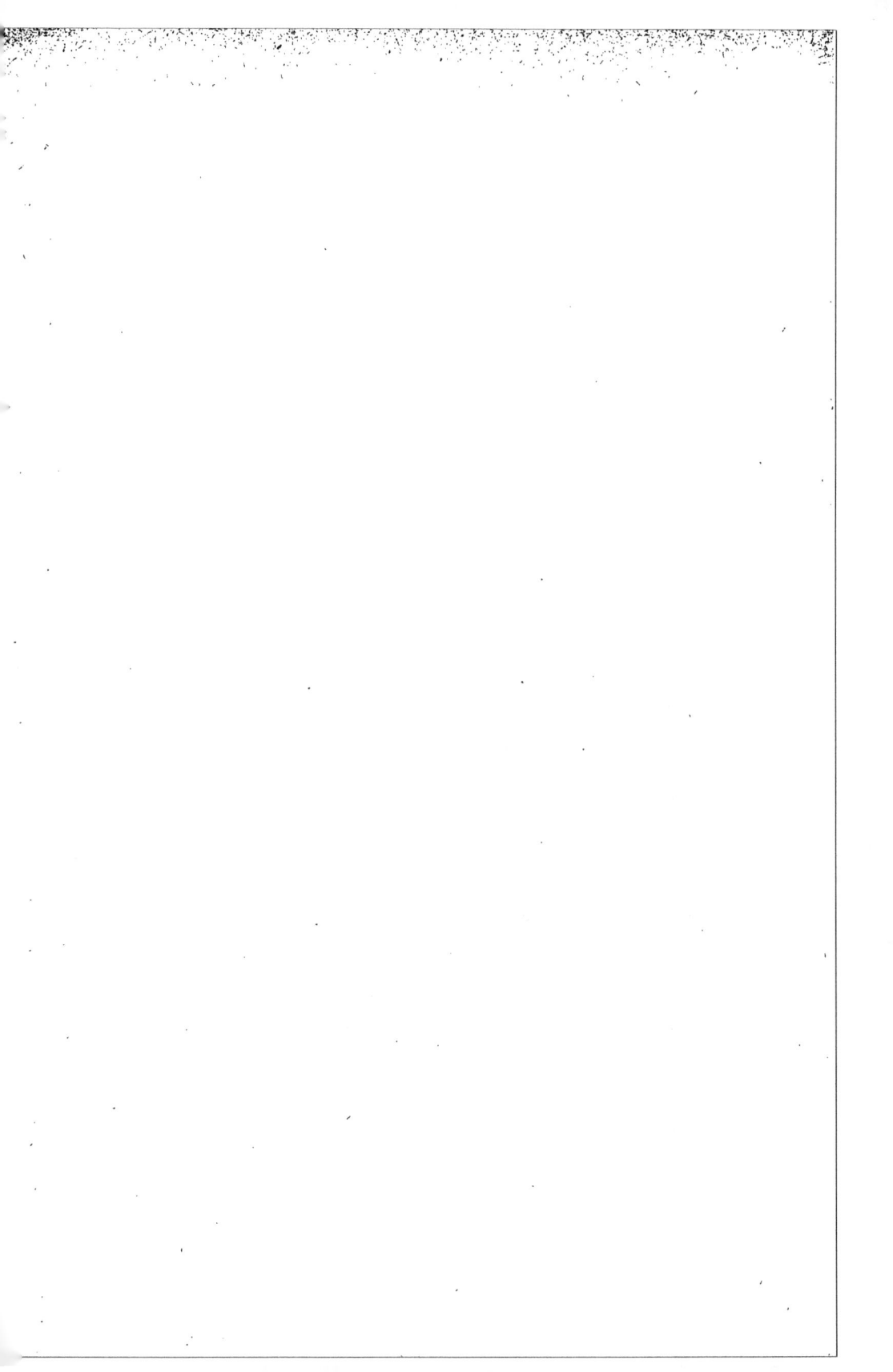

XI

DATTIERS ET OASIS

Malgré les difficultés climatériques rencontrées par la culture dans les plaines sahariennes, l'horticulture y a depuis des siècles implanté le Palmier, monocotyledone absolument providentiel par ses produits et surtout par ce tempérament rustique lui permettant de prospérer au milieu d'éléments ordinairement peu propices à la végétation.

Au Sahara la vie n'est possible que dans les peuplements de Dattiers, dans les oasis, en un mot. La moindre culture ne peut franchir la dernière ligne d'ombre du Dattier sans être instantanément anéantie : le Palmier défend donc les plantes cultivées sous ses ombrages contre les insolations et les grands vents en même temps que son rendement assure la base de l'existence des populations qui habitent ces îlots de verdure entourés d'une climature de feu.

Une horticulture arabe s'est établie au milieu de ces éléments climatériques peu faciles à manier, puis, récemment, des entreprises françaises sont venues tenter des cultures du plus grand intérêt en créant de nouvelles oasis ou en améliorant d'anciennes palmeraies en dépérissement, ayant comme principal moyen d'action l'eau d'arrosement obtenue par des sondages artésiens. Les entreprises de MM. Fau, Foureau et Rolland, dans la région de Biskra, permettront sans doute de mieux connaître par la suite l'état de l'horticulture dans le climat saharien.

La création de l'oasis, sa mise en valeur et ses productions accessoires sont entièrement du domaine de l'horticulture, c'est-à-dire d'une culture qui demande des soins constants et intelligents et qui ne peut être, comme l'agriculture, abandonnée au hasard des bonnes ou des mauvaises saisons. L'art horticole a encore à déterminer dans ce pays les variétés qui par leur tempérament particulier doivent y vivre et donner des rendements économiques : les légumes y sont encore de races abâtardies et pourtant ils sont utiles à l'entretien de populations assez denses ; les arbres fruitiers ne sont pas de choix ou demandent à être greffés sur d'autres sujets, etc., etc.

La propagation du Dattier lui-même aurait besoin d'autres procédés de multiplication. On sait que les bonnes variétés ne se propagent pas par le semis mais par les plantations de rejetons qui poussent quelquefois sur le stipe et principalement à sa base. Or, actuellement les nouvelles plantations de Dattiers se font avec une excellente variété estimée par la beauté et la qualité de son fruit, c'est le *Deglet-noor*. Mais les nouveaux opérateurs, oubliant les préceptes horticoles des anciens, perdent une quantité considérable de ces jeunes sujets par une mauvaise reprise. Si le rejeton, avant sa séparation de la plante mère, avait été préalablement préparé par une sorte de marcottage qui aurait facilité l'émission de ses racines, on aurait obtenu un sujet pouvant vivre par lui-même.

Les principaux végétaux qui vivent dans les oasis sont ordinairement des arbres fruitiers : *Abricotiers* à petits fruits, *Figuier*, *Grenadier*. La *Vigne* s'enroule quelquefois autour de quelques Dattiers, mais cette culture ne paraît pas avoir donné tous les résultats qu'une étude attentive pourrait produire au point de vue de la récolte de raisins de table ou de séchage.

Les Orangers et congénères, ainsi que l'Olivier mériteraient une culture autre et plus rationnelle. Quelques *Acacia de Farnèse, Cyprès, Eleagnus orientalis, Figuiers de Barbarie*, etc., se rencontrent fréquemment, mais en dehors de ces grands sujets la véritable culture arbustive est celle du Henné, *Lawsonia inermis* Lin. plante tinctoriale fort en usage chez les Arabes.

Les plantes utiles à l'alimentation des habitants et du bétail sont cultivées en petits carrés faits ordinairement

avec des relevés de terre pour maintenir l'eau d'irrigation : *Orge, Blé, Sorgho, Luzerne.* Les principaux végétaux légumiers sont les *Oignons, Piments, Aubergines,
Fèves, Choux* trop feuillus, le *Gombo* (*Hibiscus gombo*),etc.
Du *Tabac* quelquefois réussi, quelques pieds de *Cotonnier,* le *Chanvre hachich* et des *aromates* sont des petites
tentatives de cultures industrielles.

L'introduction récente de nouveaux végétaux dans la
région de Biskra est de nature à fournir quelques bases
d'appréciation sur le développement ou sur la non résistance de certains groupes. A ce point de vue M. Landon
de Longeville a fait, en acclimatation, une intéressante
et très coûteuse école en créant ses magnifiques jardins
qui nous permettent déjà d'enregistrer des résultats dont
la pratique profitera certainement un jour.
Parmi les plantes qui paraissent vouloir supporter
bravement l'atmosphère désertique, il faut citer en première ligne les *Ficus religiosa* ou *populifolia* et *Sycomorus*
qui ont plus de végétation que sur le littoral ; les *Ficus
nitida* et *lævigata,* quoique très-vigoureux, ne forment
que très tard des racines aériennes, peu développées : le
Ficus Roxburghii est moins beau que sur la côte.
La plupart des *Acacia* de la Nouvelle-Hollande paraissent vouloir présenter une certaine robusticité ; par
contre les *Eucalyptus* sont de mauvaise venue et il y
aurait peut-être un grand intérêt à essayer dans ces localités les espèces des parties les plus chaudes de l'Australie
ou de Timor.
Dans le groupe des Palmiers, le colossal *Phœnix
tenuis* semble vouloir acquérir de grandes dimensions ;
par contre l'ensemble des êtres de cette famille qui est si
remarquable sur le littoral est de végétation inférieure
dans l'oasis où beaucoup d'espèces ne vivent pas longtemps.
La même observation peut s'appliquer au groupe des
Musacées sans oublier le *Strelitzia augusta* et diverses
plantes comme le gros *Bambous de l'Inde,* le *Dracœna
draco,* le *Bell'umbra,* mais, par contre le *Flamboyant,
Poinciana regia* Boj. Madagascar, et le *Papayer* se
plaisent beaucoup mieux dans cette oasis que sur le littoral. Quelques arbres appartenant à des climats analogues
sont résistants, notamment des espèces du genre Acacia.
Acacia nilotica, arabica, Lebbeck, etc.

L'ensemble des oasis présente les plus grandes diversités de climat et par conséquent de cultures. Les parties sahariennes de l'Ouest, la région des Ksours, ne se prêtent nullement à l'introduction de végétaux des pays tempérés.

Dans les régions basses de l'Est on trouve même des différences culturales bien marquées suivant la position et la nature du sol de l'oasis. Ainsi dans l'Oued R'ir la végétation est très contrariée par la mauvaise qualité des eaux artésiennes trop chargées de sel. Le contraire a lieu dans l'Oued Souf, l'eau y est plus douce et le sol plus léger permet une facile culture des plantes légumières. La culture du Tabac y est très-répandue car ce produit est très-estimé par la population de cette contrée.

En résumé, l'horticulture s'est déjà emparée de ces régions désertiques : elle y a posé ses premières bases qui ne sont pas sans grand intérèt, mais l'expérience n'est pas encore venue confirmer bien des théories entrevues. Il y aurait peut-être un vrai danger à vouloir introduire dans ces climats à extrêmes ces cultures riches proposées par certains auteurs, Café, Quinquina, Cacao, etc., qui y sembleraient loin de leurs centres d'existence.

Le Dattier, *Phœnix dactylifera* L. reste donc la seule plante qui se trouve dans sa véritable station au milieu des plaines désertiques, celle qui y donne des ressources précieuses de toute nature par ses produits directs et par son ombrage. En effet, c'est sous sa large tête qui s'épanouit en un faisceau de palmes que les arbrisseaux, arbustes et plantes herbacées d'une certaine partie de notre horticulture peuvent vivre, protégés des ardentes actions météoriques par cette voûte de verdure: ce principe primordial est absolu dans la zone saharienne.

La mise en valeur de l'oasis, ou mieux l'implantation de cultures accessoires sous les Palmiers semble être une sérieuse préoccupation de la part du gouvernement ; cependant l'hésitation est permise, car il est difficile d'indiquer tout d'abord en cette question des grandes lignes générales, chaque oasis ayant sa vie propre, particulière et constituée d'éléments divers.

Les oasis où l'action du cultivateur français, comme initiateur, peut être immédiate, sont celles situées dans la dépression saharienne de l'Est. Deux conditions économiques s'y posent en principe : assurer l'arrosage avec de l'eau plus douce, ce que donneraient peut-être des sondages plus profonds, ensuite déterminer si ces oasis récemment desservies, ou peu s'en faut, par des lignes ferrées, seront des centres d'exportation, dans lequel cas préparer le programme de ces futures productions.

La question se pose d'elle-même avec une simplicité non exempte de réelles difficultés. Pour les résoudre il faut la longue expérience des gens pratiques qui ont parcouru ou vécu longtemps au milieu de ces anomalies climatériques du Sahara, et non l'adoption de ces théories trop faciles, si voisines du mirage, émises par les spéculateurs ou les novices. Agir autrement serait s'exposer à des mécomptes que les pays neufs doivent écarter avec la plus entière prudence.

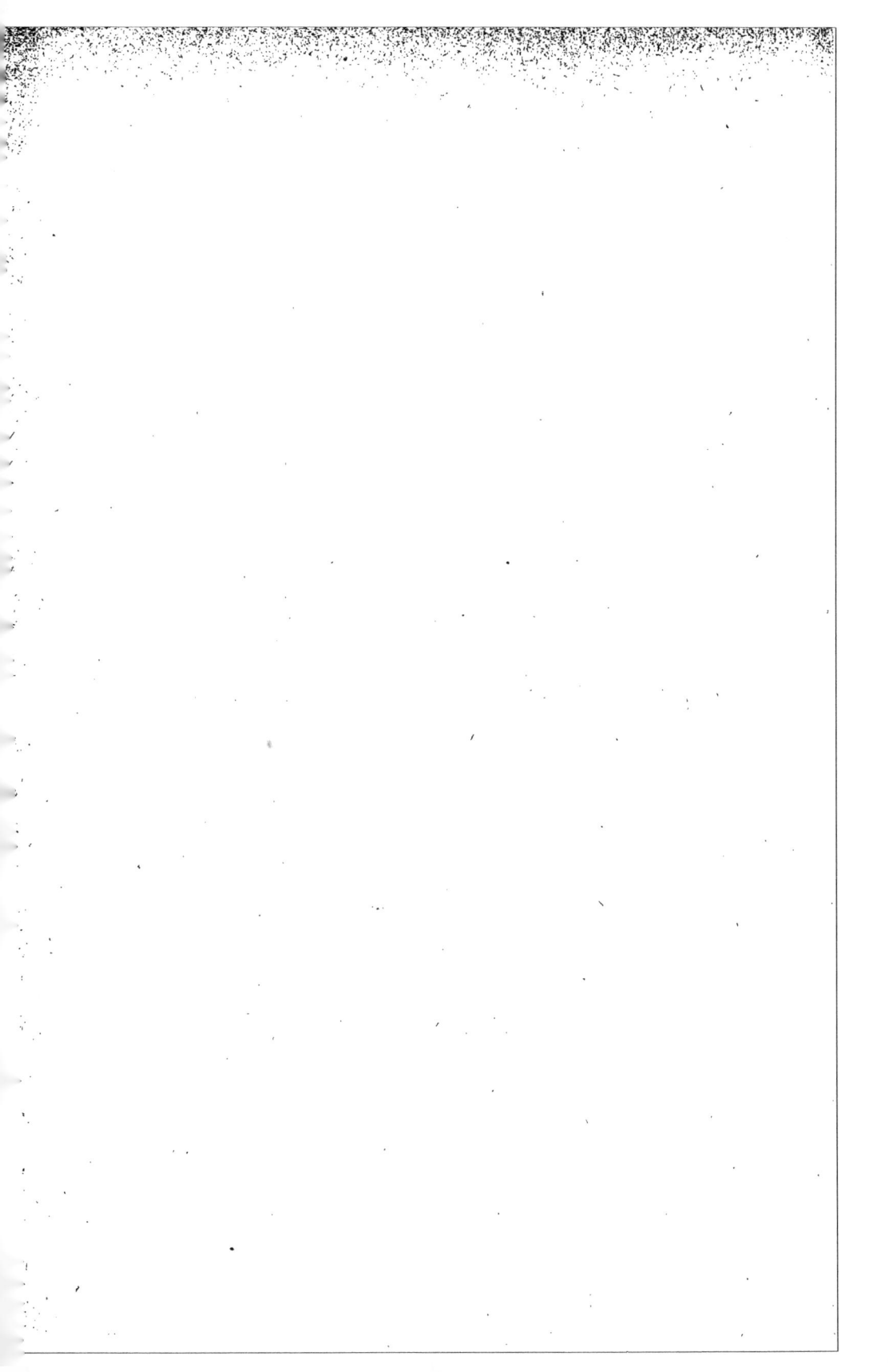

XII

CLIMATURE ET CULTURE

———

Les deux véritables régions de l'Horticulture riche et vigoureuse sont la zone littoralienne et la partie montagneuse, c'est-à-dire les côntrées en dehors des extrèmes météoriques qui constituent les Hauts-Plateaux, les steppes et le désert.

Le climat tellien est caractérisé par des pluies assez abondantes dans une période comprise entre octobre et mai, puis par une période de sécheresse qui n'est interrompue que par de faibles ondées. L'irrigation ou les arrosements artificiels sont donc le complément indispensable de toute culture et surtout de celle se rapportant aux plantes des régions à pluies estivales. L'intensité des chutes d'eau est d'ailleurs très-variable, mais les points les plus favorisés sont ceux où elle n'est jamais inférieure à 0ᵐ60 en moyenne.

Contre les grands courants violents ou froids, la culture intensive a ses brise-vents de végétaux, ses abris, son matériel horticole en un mot, mais elle est plus faiblement armée contre le siroco qui est moins à craindre par sa violence que par la siccité de l'air dont le degré hygrométrique peut tomber pendant quelques heures au-dessous de 10 0/0.

L'intensité des rayons solaires est combattue par des écrans de toute nature quand la plante est jeune ou par les cimes des arborescents qui facilitent les éducations premières sous leur ombre protectrice. Dans les cultures des jardins du littoral, toutes les plantes délicates ou dont la beauté doit être conservée intacte sont soignées sous des claies en treillis de roseaux ou de bambous disposées en toiture. Les insolations partielles ou totales sont peu communes ; cependant les plantes en souffrent d'une manière générale quand le degré actinométrique est élevé, c'est-à-dire quand le thermomètre à boule noire dépasse 60 degrés pendant un temps prolongé.

Mais les phénomènes de refroidissement sont les plus utiles à connaître et à constater, car leur connaissance est la base de toute acclimatation, surtout des végétaux intéressants empruntés aux zones voisines des tropiques ou intertropicales.

Les refroidissements accentués de la masse de l'air, régnant par période, sont communs pendant l'hiver, passé les moyennes altitudes, mais les plaines sont soumises à des gelées rares et de peu de durée, suffisantes cependant pour nuire aux plantes encore mal' aoûtées. Le littoral lui-même n'est pas exempt de refroidissement dû à des phénomènes de rayonnement qui, ne se renouvelant pas tous les ans, se constatent cependant et avec lesquels le praticien doit compter. Les zones basses et les faibles altitudes soumises à l'action directe du climat marin sont les lieux privilégiés d'élection de la flore tropicale, mais les terres fertiles bordant immédiatement la mer, soumises à son influence directe d'égalisation des extrêmes météoriques, offrent les meilleures conditions d'existence à beaucoup de plantes d'origine intertropicales.

Cette zone marine renferme déjà ce nombre formidable de végétaux dont on trouve un exposé d'ensemble dans le cours de cette notice. En dehors du pied du Dahra, les climatures favorables s'étendent plutôt vers l'Est de l'Algérie que vers l'Ouest. Les baies principalement, avec leurs différentes expositions, offrent des milieux absolument propices à ces cultures si variées : Cherchell, Alger avec son Hamma, Bougie, Philippeville, Bône et La Calle.

Le climat littoralien Ouest, Oran pris comme type, est moins tempéré que les parties Est, bien que le rivage oranien soit plus au Sud. L'hiver y est plus froid, l'été plus sec et plus chaud et les pluies très-réduites, puisque la moyenne n'atteint pas 500 millimètres.

Par contre, le rivage kabylien, au pied de son massif montagneux, Bougie par exemple, a un climat plus humide à cause des pluies prolongées et des averses d'été qui se totalisent souvent par une tranche d'eau pluviale de plus d'un mètre.

Prenant comme type un des points du climat marin le plus favorable à la végétation des plantes originaires des pays situés entre les tropiques, quelle que soit la clémence de sa température, ce point démontrera cependant que des actions météoriques diverses s'opposent à la culture de beaucoup d'espèces des contrées chaudes du globe, des régions équatoriales ou des terres basses et des limons de l'embouchure de l'Orénoque, en un mot de toutes contrées où la température est élevée pendant l'hiver, où les brises humides circulent constamment comme dans les groupes insulaires de la Sonde, sur les rivages de Madagascar et des îles de l'Océan indien où les Cocotiers à gros fruits et ceux des Seychelles se mirent dans la mer.

Les deux actions extrêmes qui ne permettent pas à ces curieux et souvent très-utiles végétaux d'aborder les rivages algériens sont, d'une part le siroco, et de l'autre l'abaissement accidentel du degré thermique aux environs de zéro, beaucoup plus encore que le peu d'élévation de la moyenne de chaleur pendant l'hiver.

La siccité de l'atmosphère, bien qu'elle ne se traduise pas toujours par des sirocos violents, est toujours préjudiciable à l'état général d'un grand nombre de végétaux des pays tempérés, comme ceux des plateaux de l'Asie centrale, du Japon, des montagnes du Chili, etc. Des plantes sont absolument rebelles à cette aridité de l'air et par cela même manquent entièrement ou sont malingres dans les collections algériennes du littoral. *Illicium, Thea, Camellia, Rhododendron*, les *Ericacées*, les *Azalées*, beaucoup de *Conifères* parmi lesquels les *Araucaria* du

Chili, les *Orchidées* même dans les serres, les *Cinchonées*
sous les châssis, beaucoup de *Bromeliacées* et surtout les
Fougères, etc., etc., tous végétaux mieux appropriés aux
ravins frais et d'expositions diverses des moyennes
altitudes.

La meilleure moyenne de chaleur hivernale est encore
insuffisante pour permettre à beaucoup de végétaux de
résister à l'air libre :

Averrhoa acida Lin. Inde.

Bixa Orellana Lin. Amérique méridionale.

Poinciana regia Boj. Madagascar.

Terminalia catappa Lin. Inde.

Tamarindus indica Lin. Ind or.

Hymenæa courbaril Lin. Amérique austr.

Crescentia Cujete Lin. Antilles.

Les *Bassia, Chrysophyllum, Mammea americana, Lucuma*, toutes les *Guttifères, Clusia, Callophyllum*, etc.
Toutes les *Pandanées* sont très délicates ou ne résistent
que peu d'années.
Les *Palmiers* ont un trop grand nombre d'espèces qui
refusent notre hospitalité, dans les *Arecinées* et les *Cala-
mées* principalement, mais surtout les espèces flexueuses
ou en lianes et les espèces épineuses qui ordinairement,
même en serre, réclament plus de chaleur que les autres,
Martinezia, Acrocomia, Astrocaryum, etc., etc.

Le phénomène de l'abaissement accidentel du degré
thermique dans sa forme brusque et particulière est une
cause peu connue de l'insuccès d'adaption au climat des
jeunes végétaux. En effet, le refroidissement dans le plus
grand nombre des cas a lieu dans la couche d'air inférieure, sur une tranche de 0^m50 de hauteur environ.
Cette couche est à zéro ou au-dessous quand à un mètre
règne encore $+ 3°$ et que la terre à 0^m10 de profondeur
conserve $+ 8°$. On comprend par cela même que de
jeunes plantes herbacées ou mal aoutées ne résistent
point à ces milieux refroidis pendant plusieurs heures.
On explique ainsi que deux sujets de même nature aient,

l'un petit son bourgeon terminal détruit par le froid, quand l'autre plus haut de 0m50 conserve intacte sa pousse supérieure.

Les terres basses du rivage même restent donc seules le lieu d'élection de la flore exotique, délicate et sensible à toutes les exagérations météoriques. Il convient de bien préciser cet axiome car on a toujours été porté à croire tout naturellement que plus on s'avançait vers le Sud du Tell algérien plus s'atténuait l'obstacle créé par le froid : c'est le contraire qui a lieu, car les bons effets des latitudes méridionales sont combattus par l'altitude. On sait que du Nord au Sud, du rivage algérien à une ligne désertique presque parallèle, une pente bien accentuée partant de la mer constitue montagnes et hauts plateaux, sortes de plaines hautes qui souvent n'ont pas moins de 800 à 1.000 mètres d'élévation. Mais en dehors de l'influence de ces hauteurs l'action du climat continental est encore aggravée par une cause météorique tout à fait spéciale qui est la prédominance du climat désertique avec son aridité constante, son manque de pluie, ses courants régnants, ses neiges et ses insolations.

En prenant même comme station d'acclimation une région désertique la plus favorisée, suivant un des principaux facteurs du climat, l'élévation de la moyenne thermique, Biskra par exemple, entre 130 et 140 mètres d'altitude, on remarque que cette station ne peut comporter qu'une végétation bien inférieure dans son développement et dans sa variation à celle du littoral. L'exagération de la chaleur sèche est un obstacle ; la moyenne si élevée qu'elle soit est une action imparfaite quand des extrêmes nocturnes s'abaissent aux environs et au-dessous de zéro, ensuite bien des végétaux ne peuvent vivre quand le sol gypseux ou trop sableux renferme des matières salines et que les eaux d'irrigation ne sont jamais douces mais toujours saumâtres.

II

La nature du climat littoralien favorable à l'Horticulture se trouve suffisamment démontrée par l'énumération des richesses végétales qui y prospèrent et par les difficultés d'existence signalées pour quelques sujets.

Les principes de culture appliqués à ces végétaux sont encore une double confirmation des ressources que le praticien peut trouver dans le climat quand il en connaît les points avantageux et faibles. Cette pratique horticole est pleine d'intérêt pour les nouveaux venus sur ce rivage, pour ceux qui en déterminent les premières bases et qui peuvent comparer combien elle est différente de celle que des traditions et des observations séculaires ont établie en France.

Partir de ce principe que la zone maritime est une vaste serre tempérée, c'est dire en peu de mots les méthodes nouvelles que le cultivateur a dû employer pour rester dans des conditions d'économie naturelle.

En pleine terre, en planches préparées suivant l'art, se sèment les Palmiers, *Cocotiers*, *Phœnix*, *Lataniers*, *Sabal*, etc., les *Araucaria*, les *Jacaranda mimosœfolia*, les *Tecoma*, etc., etc. ; en divisions de pépinières les *Acacia cavenia*, *eburnea*, etc, avec les *Aurantiacées*, etc., qui se livrent par milliers en arrachis ; ou en simple pépinière les arbres d'alignement qui s'enlèvent en motte et sont des *Ficus*, *Grevillea*, *Citharexylon*, etc.

Le bouturage a des audaces incroyables : tronçonnés comme des osiers et plantés en grandes lignes, on trouve les *Ficus elastica* et *Roxburghii*, des *Araliacées*, etc.

Souvent une branche de *Ficus* entière, ramifiée, un véritable arbre, est mise en terre et s'enracine rapidement comme un fort plançon de saule ou de peuplier.

Les *Aurantiacées*, les *Plaqueminiers*, les *Anones*, etc., se greffent en plein vent.

Le marcottage a son originalité. Des grands arborescents, des *Ficus*, par exemple, portent dans leurs branchages des centaines de pots à marcotte qui forcent l'enracinement des jeunes et puissants rameaux. Le jardinier, son arrosoir à la main, saute de branche en branche comme un singe, au milieu des racines aériennes pour distribuer à chaque potée la ration d'arrosement.

Et ces étranges fécondations ! Ce n'est plus le praticien opérant dans sa serre, à son aise, minutieusement, avec componction et avec toute sa tranquillité. C'est le jardinier hardi au sommet des grands *Araucaria*, accroché à leur tige flexible et se balançant dans l'air entre 30 et 40 mètres de haut pour féconder les cônes à l'aide du pollen recueilli sur les chatons des parties basses.

Les grandes cultures de *Palmiers* ont des traitements particuliers qui déroutent les horticulteurs septentrionaux : ces rempotages à l'air libre, ces arrachis de pleine terre et ces reprises faciles au grand vent. Toutes ces espèces dans des vases relativement petits, y vivant et prospérant avec une exubérance de végétation peu commune, en un mot tous ces procédés nouveaux sont autant de révélations du plus grand intérêt.

Les résultats de ces cultures qui permettent aux plantes de manifester leur entier développement comme au centre d'origine, apportent à la botanique comme à l'acclimatation de précieux enseignements et aident à déterminer bien des points obscurs de l'organographie et de la physiologie par de curieuses observations.

Ces monocotylédones gigantesques aux formes arborescentes avec leurs régimes fructifères ; les *Bambous* fleurissant et disparaissant, d'autres *Bambous* croissant à vue d'œil et les uns ne poussant que la nuit tandis que les autres ne s'allongent que le jour ; ces immenses hampes d'*Agave* portant des graines ou des bourgeons vivipares.....

Ces *Caryota* qui vivent sans feuilles pendant des années et donnent constamment des lourdes inflorescences, etc.

Ces mêmes *Caryota* et ces *Arenga* aux stipes énormes qui meurent en fleurissant comme de vulgaires plantes annuelles.

Les dicotylédones posent aussi leurs problèmes : les *Inga* qui replient leurs faisceaux d'étamines et leur feuillage suivant certain temps ; les *Carolinea* qui ne laissent éclore leur large aigrette d'étamines que la nuit, semblant encore les ouvrir davantage quand la lune les éclaire, tandis qu'au contraire un autre *Carolinea* fleurit en plein soleil et ne laisse échapper son parfum pénétrant que pendant les nuits sereines, etc.

On voit par ce court exposé quel vaste champ d'expériences, quelle station d'acclimatation de premier ordre la France possède à sa porte et quelle utilité elle peut en retirer au point de vue des sciences et des pratiques culturales.

III

En dehors de ces productions si variées et utiles au pays pour ses plantations, son alimentation et son exportation de légumes et de fruits, l'horticulture algérienne peut prendre une place importante dans les grands centres pour la diffusion des espèces botaniques, d'acclimatation et dans ce commerce si considérable des plantes d'ornementation des appartements et des serres. Son rôle à ces points de vue différents peut être vaste dans tout le bassin méditerranéen et être une précieuse ressource pour le commerce horticole français qui est trop tributaire des établissements anglais, belges et allemands.

Non-seulement ce rôle économique commence à s'affirmer mais encore l'horticulture algérienne a un rang parmi les producteurs de beaux végétaux obtenus par des cultures perfectionnées. En effet, on connaît dans les grands établissements comme dans les Expositions de Paris et de l'étranger les spécimens rares et intéressants d'origine algérienne.

Les vulgaires Palmiers nains qui sont devenus des *Chamærops elegans* ou *frondibus magnis* tant leurs feuilles et leur aspect présentent de ténuité et d'élégance.

Le *Corypha australis* type à feuilles raides et ramassées sur elles-mêmes a produit un hybride d'une tenue particulière qui rappelle le Latanier, *Corypha australis macrophylla*.

Le massif *Phœnix tenuis* a donné naissance par hybridation à une magnifique forme, le *Phœnix canariensis*.

A la place des espèces de *Cocos* et d'*Aralia* de mauvaise tenue ou de tempérament peu maniable, l'Algérie a fourni les vigoureux *Cocos datil* aux frondaisons toujours vertes ; le Lierre du Guatemala au large feuillage, *Oreopanax nymphœfolia*, enfin toute cette série de plantes de choix, fortes rosaces de *Cycas*, grands *Strelitzia*, sans oublier toutes les nombreuses espèces des genres *Phœnix*, *Sabal*, *Latania*, etc.

Ces végétaux, quelles que soient leurs dimensions, supportent les trajets avec les plus grandes facilités grâce à un mode très-simple d'emballage. D'ailleurs les services rapides et successifs qui desservent les ports algériens permettent d'assurer aux produits une heureuse arrivée que témoigne leur incomparable fraîcheur au sortir de leur emballage.

Les échantillons de ces riches cultures sont connus : on les a vus dans nos expositions et dans nos grands concours en massifs compacts avec cette puissance de végétation spéciale aux êtres élevés en liberté. En effet, les plantes poussant à l'air libre sous le climat algérien, aidées de toutes les ressources de l'art, présentent, en dehors de l'ampleur de leur développement et de la beauté de leur feuillage, une vigueur et une robusticité initiales qu'elles conservent étant appelées à vivre sous des latitudes plus australes. Cette rusticité est à ce point marquée qu'on a vu souvent les plantes algériennes résister aux intempéries et aux abaissements de température quand leurs similaires nés et élevés dans les prisons vitrées du Nord succombent aux premières atteintes défavorables.

Cette robusticité native s'étend même aux ligneux et l'on a pu constater que pendant les grands hivers de 1880-1881 des arbres fruitiers élevés en Algérie et plantés aux environs de Paris y avaient mieux résisté que les indigènes.

L'exhibition de toutes ces richesses végétales au Palais algérien de l'Exposition de 1889 sera d'ailleurs un précieux enseignement plein d'heureuses déductions pour ceux qui voudront connaître les progrès déjà accomplis dans l'art horticole et prévoir son avenir économique.

Aussi les fruits exotiques, les couffes d'Aurantiacées et de Dattes, les produits légumiers, les graines alimentaires ou industrielles, les vins échantillonnés et classés à l'ombre des plantes exubérantes, en résumé, toutes les récoltes de la variété de nos cultures abritées sous les vertes frondaisons des Palmiers ou perdues dans cette luxuriante végétation venues de la rive africaine donneront une idée exacte de la puissance productive du sol de l'Algérie.

Charles RIVIÈRE.

Alger, 1889.

TABLE DES MATIÈRES

Alger. — Giralt, imprimeur du Gouvernement général, Rampe Mag...

www.ingramcontent.com/pod-product-compliance
Lightning Source LLC
Chambersburg PA
CBHW071940090426
42740CB00011B/1763